Heike Baum

So fördere ich mein Kind

Das richtige Spielzeug für die ersten 5 Jahre

In Zusammenarbeit mit dem Deutschen Kinderschutzbund (DKSB)

Ravensburger Ratgeber im Urania Verlag

Alljährlich verleihen die Ravensburger Ratgeber im Urania Verlag und der Deutsche Kinderschutzbund (DKSB) einen Preis.

DER BLAUE ELEFANT

für Kinderrechte geht an Personen oder Organisationen, die sich besonders für die Interessen von Kindern einsetzen.

Weitere Titel zum Thema:
Heike Baum: Papa, spiel mit mir! ISBN 3-332-01135-9

Die Deutsche Bibliothek – CIP-Einheitsaufnahme
Ein Titeldatensatz für diese Publikation ist bei Der Deutschen Bibliothek erhältlich.

www.dornier-verlage.de
www.urania-ravensburger.de

1. Auflage August 2001

Der Urania Verlag ist ein Unternehmen der Verlagsgruppe Dornier.

Die Schreibweise entspricht den Regeln der neuen Rechtschreibung.

Umschlaggestaltung: Behrend & Buchholz, Hamburg
Redaktion: Jeanette Stark-Städele
Herstellung: Graphiti GmbH Berlin
Druck: Westermann Druck Zwickau
Printed in Germany

Gedruckt auf alterungsbeständigem Papier mit chlorfrei gebleichtem Zellstoff

ISBN 3-332- 01249-5

Inhalt

Vorwort

Für die Eltern oder Großeltern, aber auch für Erzieherinnen und Erzieher im Kindergarten oder der Krippe, stellt sich immer wieder aufs Neue die Frage, welches Spielzeug für meine, für unsere Kinder richtig ist. Gerade in den ersten fünf Jahren kommt dem Spielen für die Entwicklung des Kindes eine herausragende Rolle zu. Spielen ist die Arbeit des Kindes, und deshalb muss ausreichend Zeit fürs Spiel zur Verfügung stehen, sowohl Zeit zur freien Verfügung des Kindes als auch geplante Spielzeiten mit Anregungen durch andere Kinder und durch Erwachsene. Doch welches Spielzeug hilft dabei? Wie viel davon darf es denn sein? Wie findet man durch das riesige Angebot hindurch und kann trotz der verheißungsvollen Webung zwischen guter und schlechter Qualität unterscheiden? Also schlichtweg: Wie kann man erkennen, was für die Kinder gut ist?

Um hierbei richtige Entscheidungen zu treffen, ist es wichtig, die besonderen Bedürfnisse, die Kinder in bestimmten Altersstufen haben, zu erkennen und zielgerichtet das Spielzeug auszusuchen, mit dem diese Bedürfnisse befriedigt werden können. Gut ist das, was vor allem die Fantasie anregt und die Geschicklichkeit fördert. Solch Spielzeug ist nicht immer das Raffinierteste, Teuerste oder Neueste, ganz im Gegenteil – vieles ist erprobt und hat seinen pädagogischen Wert, ohne dass es viel kostet.

Hier setzt unser Ratgeber an. Er informiert Eltern über die Spielbedürfnisse des Kindes und gibt ihnen eine Vielzahl von Kriterien an die Hand, um gutes und geeignetes Spielzeug auszuwählen. Und nicht zuletzt finden Sie viele Hinweise, welche Anregungen und welche Unterstützung Kinder wann brauchen und was dabei hilfreich und förderlich ist. Immer wieder verweist dieses Buch auf das Allerwichtigste im Umgang mit Kindern: Sie brauchen Zeit und liebevolle Zuwendung, und das ist am besten im gemeinsamen Spiel der Eltern mit ihren Kindern zu realisieren.

Heinz Hilgers
Präsident des Deutschen Kinderschutzbundes

Einführung

Weniger ist mehr – so könnte das Motto heißen, unter dem dieses Buch geschrieben worden ist. In Spielzeugläden herrscht ein Überangebot an buntem und vielfältigem Spielmaterial, und es ist für Eltern, Großeltern, Verwandte und Freunde oft nicht leicht, das richtige Spiel(zeug) für ein Kind auszuwählen.

In dieser Situation will dieses Buch eine Hilfestellung geben. Es soll Kriterien vermitteln, mit Hilfe derer man sich in der Vielfältigkeit der Angebote besser zurechtfinden kann. Und es gibt auch konkrete Empfehlungen für „sinnvolles" und sicheres Spielzeug, denn schließlich ist nicht alles, was bunt ist und sich in den Regalen der Spielwarenläden tummelt, auch für Kinderhände geeignet.

Das breite Angebot war die erste Hürde, welche wir Autor/innen beim Schreiben dieses Buches zu überwinden hatten. Wir mussten uns auf bestimmte Themen festlegen und konnten auch hierbei jeweils nur einen Ausschnitt des gesamten Warenangebots berücksichtigen. So kann und will dieses Buch natürlich keinen Anspruch auf Vollständigkeit erheben.

Doch nicht nur das Angebot ist riesengroß. Auch die Anzahl der Hersteller scheint unüberschaubar. Deshalb kann es durchaus sein, dass ein Hersteller in diesem Buch nicht erscheint, obwohl seine Produkte empfehlenswert wären. Begegnet Ihnen so ein Produkt, von dem Sie überzeugt sind, dann beurteilen Sie es anhand der Kriterien, die Ihnen in den einzelnen Kapiteln an die Hand gegeben werden.

Erfüllt das Spielzeug diese Merkmale, so ist es völlig richtig, sich für dieses Produkt zu entscheiden.

Ein weiteres Problem liegt in der Schnelllebigkeit des heutigen Marktes. Wie viele andere Güter sind auch Spielwaren in Farbe und Design der Mode und den Trends unterworfen. So kann es sein, dass manche empfehlenswerten Spielwaren schon nach der nächsten Spielwarenmesse nicht mehr im Laden zu bekommen sind. Wir haben deshalb versucht, für unsere Beurteilung Produkte zu wählen, die sich als Klassiker entpuppen könnten.

So halten Sie nun einen Ratgeber in der Hand, von dem wir hoffen, dass er Ihnen beim Kauf und im Umgang mit dem Spiel(zeug) Ihrer Kinder Unterstützung bietet.

Damit wünschen wir Ihnen und Ihren Kindern eine verspielte und unbelastete Zeit!

Heike Baum
Herausgeberin

Heike Baum

Im Dschungel der Spielmaterialien

Das Angebot ist überwältigend. Zur Orientierung ist es hilfreich zu wissen, welche Spielbedürfnisse Kinder in welchem Alter haben und welches Spielzeug jeweils sinnvoll ist und dem Kind Spaß macht.

Kinder lernen im Alltag

Kein Spielzeug ersetzt die individuelle Zuwendung einer liebevollen Bezugsperson.

Immer wieder wird die Frage gestellt, welche Spielmaterialien ein Kind benötigt, damit eine gesunde Entwicklung gefördert wird oder ihm die notwendigen Lernmöglichkeiten geboten werden. Im Grunde gibt es darauf nur eine Antwort: Beziehen Sie Ihr Kind in Ihren Alltag ein und lassen Sie es an allen Tätigkeiten teilhaben.

Kinder brauchen in erster Linie erwachsene Bezugspersonen, die sich mit ihnen beschäftigen und ihnen mit Respekt begegnen. Kein Spielzeug ersetzt die gemeinsam gestaltete Zeit, in der das Kind die Nähe, Wärme und das Interesse eines Erwachsenen spürt. Hier lernt das Kind das Wesentliche, was es im Leben braucht: den sozialen Kontakt, den respektvollen Umgang miteinander, die Fähigkeit, sich durchsetzen zu können, aber auch zurückzustecken.

Auch die so wichtigen grob- und feinmotorischen Fähigkeiten, die Bewegungsabläufe und die Wahrnehmungsfunktionen werden im alltäglichen Tun geschult – beim Waschen, Anziehen, Essen. Körpererfahrungen macht ein Kind, indem es unterschiedliche Stoffe auf der Haut trägt, Regen und Sonne spürt, rennt und klettert oder einfach mit den Eltern kuschelt.

Kinder lernen im Alltag für das Leben, weil sie es wollen. Sie möchten von sich aus möglichst schnell all das beherrschen, was sie bei ihren älteren Geschwistern und bei den Erwachsenen sehen. Sie sind neugierig auf diese Welt, wollen sie begreifen und verstehen, was um sie herum passiert. Und so lernen sie vor allem durch Nachahmung der Tätigkeiten der Menschen in ihrer Umwelt.

Die Entwicklung der Spielzeugkultur

Die Spielzeugkultur, die wir heute kennen, ist eine Entwicklung der letzten ca. 150 Jahre und begann zur Zeit der Industrialisierung. Friedrich Fröbel, ein bedeutender Pädagoge, der von 1782 bis 1852 lebte, entwickelte erstmals Spielmittel, die der kindlichen Entwicklung und Förderung gerecht werden sollten. Vor dieser Zeit gab es kaum Spielmaterial: mal einen Kreisel oder einen Reifen; hie und da stellte ein

Handwerker einen Wagen her, mit dem die Töchter begüterter Eltern mit ihren Puppen spielen konnten. Oder ein Junge bekam ein Pferd, mit dem er sich auf das Leben als Soldat vorbereiten konnte. Ansonsten machten die Kinder Fang- und Versteckspiele. Im Grunde jedoch gab es lange Zeit keine Kindheit im heutigen Sinne. Kinder wurden als kleine Erwachsene behandelt. Sie arbeiteten bereits früh auf dem Hof und später in den Betrieben, in denen die Eltern auch ihren Lebensunterhalt verdienten.

Spielzeug im eigentlichen Sinne gibt es noch nicht sehr lange.

Erst im Laufe des 20. Jahrhunderts begann sich allmählich eine Spielzeugindustrie zu entwickeln. Doch erst in den Zeiten des Wirtschaftswunders wurde sie zu dem, was sie heute ist: ein nicht mehr wegzudenkender Wirtschaftsfaktor, der das Bruttosozialprodukt beeinflusst.

Spielzeug in der Leistungsgesellschaft

In unserer Zeit, in der Arbeitsplätze immer knapper werden und Leistungsfähigkeit und Kompetenz darüber entscheiden, ob ein Mensch in der Arbeitswelt bestehen kann oder nicht, ziehen auch in die Kinderzimmer Spiele ein, deren Zweck das Lernen ist – die so genannten Lernspiele. Eltern glauben zunehmend, ihren Kindern durch das Trainieren bestimmter Fertigkeiten – auch durch spezielle Spiele – wesentliche Vorteile für ihr Leben zu verschaffen. Doch hier ist Vorsicht geboten, denn niemals können Spiele eine insgesamt förderliche Lebensumwelt des Kindes ersetzen.

Was Kinder brauchen

Statt teures Lernspielzeug brauchen Kinder ein Umfeld, in dem sie sich bewegen und ausprobieren können. Daher ist es nicht ratsam, das Kinderzimmer mit Spielsachen voll zu stopfen, sondern die gesamte Wohnung so zu gestalten, dass ein Kind sich darin ungefährdet bewegen und alltägliche Aufgaben zunehmend selbstständig verrichten kann. Nur so entwickelt es die kreative Kraft, unvorhergesehene Probleme zu lösen und eigene Handlungsschritte zu entwickeln.

Die Funktion des Spiels

Im Spiel lernt das Kind, sich selbst zu motivieren und kreative Möglichkeiten zu entwickeln sowie Lösungen zu finden.

Spielen soll Spaß machen. Das ist der oberste Grundsatz. Kein Kind wird sich mit einem bestimmten Spiel beschäftigen, nur weil es „sinnvoll" ist oder bestimmte Fertigkeiten schult. Jedes Kind wählt sich vielmehr selbst die Spiele aus, die es in seiner jeweiligen Entwicklungsphase gerade braucht. Darauf sollten die Eltern vertrauen.

Spielen ist aber auch die Arbeit des Kindes. Es übt die Situationen ein, die es im Alltag erlebt; besonders deutlich wird dies im Rollenspiel, wenn das Kind z. B. „Kochen" spielt oder andere Tätigkeiten der Eltern nachahmt. Und so brauchen Kinder Spielmaterialien, die ihnen ermöglichen, diese Alltagstätigkeiten nachzustellen und ihre Erlebnisse zu verarbeiten. Sie brauchen Spielzeug, mit dem sie sich ohne Zwang in eine eigene Welt zurückziehen können. Und sie brauchen die Anregung von außen, die sie motiviert, immer wieder aufs Neue etwas auszuprobieren und Experimente mit sich und den Dingen dieser Welt zu machen.

Kinder brauchen aber keineswegs alles in einer extra für sie vorgefertigten Form, sondern können oftmals Materialien der Erwachsenen übernehmen (man denke nur an die vielen Küchenutensilien) und – mit zunehmendem Alter immer stärker – die Welt der Erwachsenen erobern.

Jedes Kind hat sein eigenes Entwicklungstempo – auch im Spiel

Entsprechend seiner individuellen Entwicklung hat jedes Kind ganz bestimmte Spielbedürfnisse.

Kinder entwickeln sich sehr individuell. Das bedeutet, dass Entwicklungsschritte, welche in Tabellen einem bestimmten Alter zugeordnet sind, immer nur einen Richtwert darstellen können. Es gibt Kinder, die sich lange und ausgedehnt mit der Fähigkeit, gezielt greifen zu können, beschäftigen; andere beginnen früh, mit Lauten zu experimentieren, und lassen die Hände eher ruhen. Wieder andere Kinder können nicht schnell genug auf die Beine kommen, sie wollen laufen und hüpfen und haben kein Interesse am Sprechenlernen. In keinem Fall besteht Grund zur Besorgnis. Wenn ein Kind die eine Fertigkeit zu seiner Zufriedenheit beherrscht, wird es sich der nächsten Aufgabe widmen. In jedem Fall aber hat dieser jeweils unterschiedliche Entwicklungsverlauf starke Auswirkungen auf das Spielverhalten des

Kindes. Aus diesem Grund sollten die Erwachsenen ihr Kind genau beobachten, um zu erkennen, welches Spielangebot seiner jeweiligen Entwicklungsphase gerecht wird.

Die Spielbedürfnisse des Kindes

Wird auf diese Weise die Entwicklung des Kindes berücksichtigt, so lassen sich bestimmte Kriterien formulieren, die helfen, das für das Kind geeignete Spielzeug auszuwählen:

- Wo liegen zurzeit die Interessen meines Kindes? Mit welchen Lernschritten (greifen, sprechen, laufen) ist es gerade beschäftigt?
- Wo liegen gerade die thematischen Interessen (kochen, Auto fahren, Puppe versorgen …) meines Kindes?
- Begleiten diese Themen das Kind schon längere Zeit und werden sie voraussichtlich noch länger von Interesse bleiben?
- Findet das Kind im Haushalt Möglichkeiten, sich mit seinem speziellen Thema bzw. Interessensgebiet zu beschäftigen? Darf es z. B. mit Papa oder Mama in die Werkstatt oder beim Kochen helfen?
- Formuliert das Kind den Wunsch, die erforderlichen Spielmaterialien selbst (und in kindgerechter Form) zu besitzen, weil es sie mit in die eigene Spielwelt nehmen will?
- Ist es möglich, dem Kind z. B. Werkzeug oder Kochgeschirr zur Verfügung zu stellen, damit es selbst handelnd und ohne Anweisung der Eltern spielen kann?
- Kann das Spielzeug vorübergehend von Freunden oder Verwandten ausgeliehen werden?

Wenn Sie diese Fragen beantworten, werden Sie erkennen, wie wichtig das jeweilige Spielzeug für Ihr Kind in der gegenwärtigen Entwicklungsphase ist und ob der Kauf empfehlenswert ist. Beschäftigt sich ein Kind tatsächlich ausdauernd und immer wieder aufs Neue mit einem Thema, so sollte es dafür auch das notwendige Spielmaterial bekommen – auch wenn im Moment weder Weihnachten noch der Geburtstag vor der Tür steht.

Der richtige Zeitpunkt

Immer wieder berichten Eltern, dass sich ein Kind ein ganzes Jahr lang dieses und jenes gewünscht habe, und dann, als der Wunsch endlich erfüllt wurde, kein Interesse mehr an diesem Spielzeug hatte.

Wenn ein Kind einen speziellen Wunsch hat, der seinem momentanen Spielbedürfnis entspricht, sollte dieser auch mal „außer der Reihe" erfüllt werden.

Es war einfach zu spät – das Interesse des Kindes hatte sich weiterentwickelt und damit auch der Wunsch nach speziellen Spielmaterialien. Sicher sollen Kinder nicht immer gleich alles bekommen, was sie wollen. Aber ein ganzes Jahr lang mit dem Erfüllen eines Wunsches (den die Eltern ja offensichtlich erfüllen wollen) zu warten, ist für Kinder zu lang.

Wenn Sie mit dem Kind übereinstimmen, dass es das eine oder andere Spielzeug haben darf, kaufen Sie es ihm in der Zeit, in der der Wunsch entsteht. Dafür gibt es dann eben am nächsten Geburtstag nur eine Kleinigkeit.

Kinder, die in solchen Situationen erleben, dass ihre Bedürfnisse ernst genommen werden und ihre Entwicklung weitgehend unterstützt wird, werden sich nicht zu Konsumjägern entwickeln, sondern durchaus auch mal auf etwas verzichten können. Und dass es an Weihnachten oder dem Geburtstag immer etwas Besonderes geben muss, ist eine Norm der Erwachsenen. Kinder vor dem Schulalter haben noch keine Vorstellung davon, dass die Malstifte weniger „wertvoll" sind als die Eisenbahn. Wertvoll ist für sie das, was sie in ihrer Spielwelt benötigen und woran ihr Herz hängt.

Die „Mitbringsel"

Statt gedankenlos ein paar Mark für ein Mitbringsel auszugeben, das dann in der Ecke landet, sollte man überlegen, womit man dem Kind wirklich eine Freude bereiten kann.

Ein besonderes Thema sind die „Mitbringsel" – Kleinigkeiten, die sich häufig irgendwo stapeln und oft wenig Spielwert haben. Da ein Stofftier, dort ein kleines Auto – so füllt sich das Kinderzimmer mit Dingen, die das Kind im Grunde nicht braucht. Daher ist es hilfreich, wenn die Eltern Verwandten und Freunden Tipps geben, wie sie statt dieser Verlegenheitskäufe dem Kind eine echte Freude machen können.

Die beliebtesten Mitbringsel für kleine Kinder:

- Bastelmaterial, das Eltern im Dauerverbrauch zu teuer wird und mit dem das Kind kreativ werden kann (gute Stifte, besonders schönes Papier, Stoffe ...)
- Kinderscheren, Pinsel usw.

- Verbrauchsmaterial für Spielmittel, z. B. Windeln für Baby Born, Gegenstände für den Kaufladen usw.
- ein Gutschein / eine Eintrittskarte für einen Besuch im Schwimmbad (bei älteren Kindern ins Kino)
- ein Wechselbilderrahmen, in dem das Kind seine Bilder aufhängen kann
- ein kleines Bilderbuch, das der Besucher mit dem Kind gleich selbst anschaut (denn damit schenkt er dem Kind auch das Wichtigste: seine Zeit)
- Fingerfarben, Straßenmalkreide usw.
- leihweise einen Fotoapparat, mit dem das Kind einen ganzen Film verknipsen darf, solange der Besuch da ist und der anschließend für das Kind entwickelt wird.

Die Qualität der Spielmaterialien

Nun wurde immer wieder betont, dass es beim Spielzeug um Qualität und nicht um Quantität geht. Nach welchen Kriterien aber wird die Qualität eines Spielzeugs bewertet?

Vor allem durch Ihren forschenden Blick. Betrachten Sie das Spielmaterial und überlegen Sie, was Ihr Kind damit alles anfangen kann. Überprüfen Sie, ob sich Material und Verarbeitung für diese Funktionen eignet.

Die Materialien

Das Material ist eine klare Geschmacksache. Viele Eltern bevorzugen Naturmaterialien. Aber im Kinderzimmer ist das nicht immer angebracht. Manche Teile müssen einfach gut abwaschbar sein, und in dieser Hinsicht bietet Plastik eindeutig Vorteile. Das Material muss auch den Anforderungen gerecht werden. Eine Werkbank, auf der das Kind hämmert und schneidet, ist aus Holz bei weitem stabiler (bricht nicht) und sicherer (das Werkzeug rutscht weniger ab) als aus Kunststoff.

Auch hier gilt es wieder, einen Ausgleich zu schaffen. Kinder sollten die Möglichkeit haben, mit ganz unterschiedlichen Werkstoffen ihre Erfahrungen machen können. Achten Sie deshalb darauf, dass Ihrem Kind Produkte aus den unterschiedlichsten Stoffen zur Verfügung stehen.

Die Sicherheit

Spielzeug muss sicher sein. Deshalb gibt es in der EG Richtlinien, welche die Produktsicherheit festlegen. Ob ein Spielzeug diesen Richtlinien entspricht, erkennen Sie an dem CE-Zeichen auf der Packung. Eigentlich dürften bei uns gar keine anderen Spielsachen verkauft werden. Aber schwarze Schafe gibt es immer, und vor allem in Discountläden schleicht sich immer wieder mal ein Produkt ein, das da nicht hingehört. Kaufen Sie niemals ein Spielmittel ohne das CE-Zeichen und machen Sie das Personal auf Produkte aufmerksam, die den Standard nicht erfüllen. Über das CE-Zeichen hinaus gibt es noch das Gütesiegel „GS". Damit können Hersteller Produkte auszeichnen, die sie von unabhängigen Instituten auf ihre Sicherheit haben prüfen lassen. Haben Sie die Auswahl zwischen zwei Produkten, wovon nur eines das Gütesiegel besitzt, wählen Sie das geprüfte Produkt. Fehlt einem Spielzeug das Gütesiegel, sollten Sie es genau überprüfen, um festzustellen, ob es für die Benutzung Ihres Kindes wirklich geeignet und sicher ist.

Achten Sie darauf, dass das Spielzeug keine scharfen Kanten oder Ecken aufweist; achten Sie auch auf vorstehende Nägel und Schrauben oder offen liegende Zahnräder.

Bewegen sich Teile, an denen sich Ihr Kind quetschen oder aufschürfen kann? Löst sich die Farbe, wenn Sie daran reiben? Liegen Drähte oder anderes starres Material so, dass ein Kind mit dem Finger darunter gleiten und ihn einklemmen kann? Ist der Stoff bei Plüschtieren, Kostümen u. a. entflammbar?

Ist auch nur einer dieser Punkte fragwürdig, sollten Sie das Produkt im Interesse der Sicherheit Ihres Kindes auf keinen Fall kaufen.

Seien Sie vorsichtig mit Produkten, die Sie im Ausland kaufen. Gerade bei Kunststoffen verzichten viele Spielwarenhersteller in Deutschland auf PVC. In anderen europäischen Ländern ist das nicht unbedingt üblich. Kommt der Weichmacher PVC in Kontakt mit bestimmten Magensäuren, bildet er scharfkantige Kristalle, die schwere innere Verletzungen verursachen können.

Kaufen Sie nur Spielzeug, bei dem auf der Verpackung der Hersteller oder der Importeur (deutsche Großhändler achten beim Einkauf auf die Sicherheitsstandards) mit einer Adresse angegeben ist. So wissen Sie, an wen Sie sich wenden können, wenn das Produkt Mängel aufweist oder mal ein Teil verloren geht.

Sicherheitskriterien für Spielzeug für Kinder unter drei Jahren:
Bei Kindern unter drei Jahren sollten Sie über die genannten Kriterien hinaus besonders auf folgende Punkte achten:

Nicht altersgerechtes Spielzeug kann zu schweren Unfällen führen.

- Das Spielzeug sollte abwaschbar oder waschbar sein.
- Es darf keine Kleinteile haben, die sich lösen können und verschluckt werden können. Deshalb sind die Hersteller verpflichtet, auf der Verpackung anzugeben, ab welchem Alter ein Spielzeug geeignet ist. Gemessen wird dies mit der so genannten Schlundgröße. Das heißt, wenn das Spielzeug Teile enthält, die ein Kind im Alter von einem Monat bis fünf Jahren verschlucken kann, ist es für dieses Alter nicht geeignet. Danach geht man davon aus, dass Kinder wissen, was sie schlucken können und was nicht. Ist Ihr Kind also 20 Monate alt, lassen Sie es auch nicht mit Spielsachen allein, auf denen steht „ab 24 Monaten geeignet“.

- Achten Sie besonders auf vorstehende Metallteile, Stifte, Schrauben, Nägel und Knöpfe. Vermeiden Sie prinzipiell den Kauf von Produkten, die Nägel, scharfkantige Knöpfe usw. haben.
- Achten Sie auf stabile und solide Verarbeitung. Auch das Material muss stabil und haltbar sein. Glas z. B. hat bei Kinderspielzeug nichts zu suchen. Überprüfen Sie alle Spielsachen, die Ihr Kind in den Mund nehmen kann, daraufhin, ob sie dem Druck standhalten und nicht brechen. Ein Kind kann mit dem Mund enorme Kräfte aufbringen.

Lassen Sie sich bei der Auswahl der Spielsachen für Ihr Kind von den in diesem Kapitel genannten Kriterien leiten. Empfehlenswert ist es in jedem Fall, sich in einem Fachgeschäft umfassend zu informieren. Dort finden Sie in der Regel ein qualitativ hochwertiges Sortiment und werden gut und kompetent beraten. So finden Sie sicher das Spielmaterial, das den Bedürfnissen Ihres Kindes entspricht und ihm vor allem viel Spaß macht.

Petra Meyer / Heike Baum

Spüren und Fühlen

Ganz kleine Kinder erleben die Welt vor allem über die Sinne. Sie brauchen Spielmaterialien, die vielfältige Fühl- und Tasterfahrungen ermöglichen, die klingen und die Augen ansprechen – Spiele zum Sehen, Hören und (Wohl-)Fühlen.

Mit allen Sinnen spielen und lernen

Jedes Spiel beginnt mit der Wahrnehmung von Sinneseindrücken.

Babys und Kleinkinder lernen spielend und vor allem über ihre Sinne – über das Sehen, Hören, Fühlen, Riechen und Schmecken. Bei jedem Blick lernt und entdeckt das Kind Neues, bei jeder Bewegung macht es eine Erfahrung mit sich selbst und der Umwelt. Jedes eigene Tun fördert seine Entwicklung.

Spielsachen für die ganz Kleinen sind daher vor allem Anregungen und Aufforderungen an die Erlebenswelt und damit an die Sinne des Kindes:

Augen sollen und wollen schauen und sehen, Ohren lauschen und hören, Finger fühlen und tasten, Nasen schnuppern und riechen, der Mund schmecken und genießen. Bei all diesen Erlebnissen erweitert sich das Erfahrungsfeld des Kindes ständig. Es beginnt seine Welt zu begreifen, indem es sich selbst im Kontakt mit Gegenständen, Tieren und Menschen spürt und die unterschiedlichsten Erfahrungen macht.

Wenn das Baby ein Geräusch hört, wendet es sich in die Richtung, aus der das Geräusch kommt. Wenn es nun den Gegenstand sieht, der das Geräusch verursacht hat, greift es danach. Dann hat es den Gegenstand in den Händen und fühlt ihn, es steckt ihn in den Mund und nimmt gleichzeitig wahr, ob der Gegenstand schmeckt oder riecht. Bewegt es die Hände weiter, erzeugt dies wieder ein Geräusch usw. – das Baby „spielt".

Dieser Vorgang ist für das Baby höchst komplex. Es vollzieht eine Reihe von Handlungen und erlebt eine Vielzahl von Eindrücken.

Hierbei wird deutlich: Spielen findet über die Sinne statt!

Spielzeug für die Sinne

Der Spielwarenmarkt bietet für Babys und Kleinkinder eine große Vielfalt im Bereich der optischen und akustischen Spielwaren an. Auch zum Fühlen gibt es viele Spielsachen sowie Kuscheltiere und auch Fühlbücher. Um Düfte zu erfahren, gibt es einige wenige Angebote; die mitgelieferten Düfte verfliegen schnell. Hierbei auch unbedingt an Allergien denken!

Wenn Sie Ihrem kleinen Kind Spielsachen für die Sinneswahrnehmung zur Verfügung stellen wollen und der Spielspaß die Hauptmotivation bleiben soll, gilt es, die folgenden Grundsätze zu beachten:

Bei der Auswahl des Spielzeugs sollte man immer daran denken: Der Spaß steht an oberster Stelle – nicht der „Lernzweck".

- Je jünger das Kind ist, umso einfacher sollte das Spielzeug sein. In dieser Phase geht es vor allem um unterschiedliche Materialerfahrungen. Oft genügen hier Haushaltsgegenstände, um das Kind gerade im ersten Lebensjahr unterschiedliche Materialerfahrungen machen zu lassen.
- Weniger ist mehr, d. h. nicht die Menge der Spielsachen ist wichtig, sondern die Einsatzmöglichkeiten. Was kann das Kind damit alles anfangen? Welche Sinne werden angesprochen, welche Spielmöglichkeiten bietet das Spielmittel und über welchen Zeitraum erscheint es dem Kind wohl interessant?
- Das Spielzeug soll aus natürlichem, ungiftigem Material bestehen. Eine klare Farbgebung hilft vor allem Kleinkindern bei der Orientierung und dem Wiedererkennen. Kaufen Sie Spielsachen in unterschiedlichen Farben. Eine liebevolle Gestaltung des Spielzeugs erhöht die Motivation zum Spiel.
- Ungefährliches und lustvolles Benutzen muss gewährleistet sein, auch wenn das Spielzeug einmal zweckentfremdet wird (z. B. darf Plastik nicht splittern, wenn das Kind auf den Gegenstand steht).
- Spielzeug für Kleinkinder sollte waschbar oder abwaschbar sein.
- Design ist immer eine Geschmacksfrage; lassen Sie Ihr Kind deshalb immer mitbestimmen, was es haben möchte. So könnten Sie z. B. mit Ihrem Kind am Geburtstag gemeinsam ins Spielzeuggeschäft gehen. Dazu sollte das Kind vorher wissen, was es bekommt und sich dann das entsprechende Spielzeug selbst aussuchen.
- Es ist immer empfehlenswert, beim Kauf auf gute Qualität zu achten – lieber nur ein Spielzeug, dieses aber qualitativ hochwertig.
- Bei der Spielzeugauswahl sollte die Lebensrealität des Kindes berücksichtigt werden. Im Spiel sollten sich die Themen des Alltags widerspiegeln können. Auf diese Weise kann das Kind allmählich die eigene erlebte Welt erfassen.

Ergänzend sind natürlich – vor allem mit zunehmendem Alter – auch Spielthemen anzubieten, die dem Kind neue Lebensaspekte vermitteln. So kennt ein Kind aus einer Großstadt vielleicht eher ein Flugzeug als einen Traktor und sieht beim Spazierengehen einen Hund, aber selten eine Kuh. Für dieses Kind ist ein Bauernhof natürlich eine tolle Alternative.

Kleiner Aufwand, große Wirkung – Spiel- und Bastelideen

Die Sinne werden im Alltag ständig auf vielfältige Weise angesprochen.

Spiele für die Sinne kann man ohne großen Aufwand und mit wenig Hilfsmitteln fast immer und überall improvisieren. Wichtig ist dabei, darauf zu achten, was das Kind selbst zum jeweiligen Zeitpunkt vorrangig beschäftigt – sind es Hörerfahrungen, nimmt es die Umwelt gerade bewusst über die Augen wahr oder liebt es das Matschen, Panschen und andere Fühl- und Tasterfahrungen? Sprechen Sie mit Ihrem Kind auch immer darüber, was es erfährt und erfühlt, und lassen Sie sich immer von ihm selbst und seinen Bedürfnissen leiten.

Spaß mit Luftballons

Kinder sind fasziniert von Luftballons. Die bunten Bälle sind für sie viel leichter zu handhaben als die üblichen Spielbälle. Beginnen Sie damit, über Ihrem auf dem Rücken liegenden Baby einen Ballon hin und her fliegen zu lassen. Bereits ein sehr junges Baby wird den Ballon aufmerksam beobachten und bald versuchen, selbst danach zu greifen. Sie können den Ballon auch an einer Schnur von der Decke herunterhängen lassen, so dass ihn Ihr Kind mit ausgestrecktem Arm anstoßen kann. Sie können sogar ein Glöckchen am Ballon befestigen.

Weitere Ideen für Luftballonspiele:

- Der Ballon soll in der Luft bleiben, darf aber nur mit dem Fuß (Kopf, Arm …) berührt werden.
- Legen Sie acht Luftballons in einen Kopfkissenbezug und knöpfen Sie ihn zu. Legen Sie Ihr Kind darauf und lassen Sie es entspannt schaukeln.

Achtung: Lassen Sie Ihr Kind während der ersten 18 Lebensmonate nie mit dem Luftballon allein. Es erschrickt fürchterlich, wenn der Ballon platzt – und das kann bei heftigen Bewegungen immer mal passieren.

Faszination Seifenblasen

Feenhafte Seifenblasen begeistern jung und alt immer wieder aufs Neue. Und schon kleine Kinder beobachten sie fasziniert und werden zum Greifen angeregt:

- Das Kind schaut den Seifenblasen nach.
- Es versucht, danach zu greifen und erlebt, wie sie platzen.
- Es läuft den Seifenblasen hinterher und versucht, sie zu fangen.
- Das Kind versucht selbst, zu blasen und Seifenblasen zu bilden.

Alles, was sich bewegt, ist für Babys und Kleinkinder von großem Interesse.

Bitte beachten Sie: Frühestens mit drei bis vier Jahren ist die Hand-Auge-Koordination so gut ausgebildet, dass das Kind beim Blasen die Seifenlauge nicht verschüttet.

Spiele mit der Taschenlampe

Licht- und Schattenspiele faszinieren Kinder ungemein. Spielen Sie im Dunkeln mit der Taschenlampe, versucht das Kind erst einmal, mit den Augen den Strahl zu verfolgen. Je konzentrierter die Taschenlampe auf einen Punkt strahlt, umso besser kann damit gespielt werden:

- Wenn das Kind bereits laufen kann, läuft es dem Strahl hinterher und versucht mit den Füßen darin zu stehen.
- Dann läuft es vor dem Strahl weg, und nun versucht das Licht, das Kind zu fangen.
- Das Kind hält die Lampe und die Eltern laufen vor dem Licht davon.
- Das Licht fällt an eine Wand und soll mit den Händen gefangen werden.
- Das Kind hält unterschiedliche Materialien vor die Lampe und beobachtet, was nun passiert: Was wirft Schatten? Was färbt das Licht usw.?

Mobile selbst gemacht

Mobiles, die schon junge Babys faszinieren, kann man mit einfachen Hilfsmitteln selbst herstellen. Es gibt auch Bastelanleitungen hierfür. Im Folgenden finden Sie einen Vorschlag:

Jahresring

Sie benötigen: einen Gymnastikreifen (im Spielzeughandel), Haken, Schnur, Kreppband in grün, gelb, braun, weiß, bunte Wolle, Klebestift, Fotos und verschiedene Naturmaterialien.

Der Gymnastikreifen wird mit buntem Kreppband umwickelt – jeweils zu einem Viertel mit weiß (Winter), grün (Frühling), gelb (Sommer) und braun (Herbst). Der Reifen wird an dem Haken und der Schnur an die Decke gehängt. Die farbigen Flächen werden mit Naturmaterialien oder Basteleien aus der entsprechenden Jahreszeit verziert. Im Laufe eines Jahres füllt sich der Ring immer weiter. Zwischen den verschiedenen Dingen können Sie Fotos von Ihrem Kind aufhängen, die während des Jahres entstehen. Am Ende des Jahres haben Sie dann einen Jahresring, der Ihnen zeigt, was Sie alles miteinander erlebt und gelernt haben.

Erste Spielsachen

Von einer „Grundausstattung" wohl ausgewählter, qualitativ hochwertiger Spielsachen profitiert das Kind lange Zeit.

Schöne Ausstattungsgegenstände und Spielzeug, das sich bewegt, sind häufig die ersten Dinge, die im Kinderzimmer Einzug halten.

Mobiles, Hampelfiguren, Spieluhren, schöne Lampen, bunte Garderoben, auffällige Möbelgriffe und Messlatten gehören beinahe zur Grundausstattung des Kinderzimmers und sind oft Begleiter über viele Jahre hinweg.

Gekaufte Mobile

Von der Decke hängend, bieten Mobiles dem Baby anregendes „Sehfutter", und es kann auf diese Weise seine Augenmuskeln trainieren. Am Anfang nimmt das Baby nur eine Bewegung war. Das Mobile ist verschwommen, wie alles, was das Baby in den ersten Wochen auf größere Entfernung sieht. Nach und nach aber erkennt das Baby die einzelnen Dinge, die am Mobile hängen, und hat seinen Spaß an der Bewegung, der Farbe und der Form.

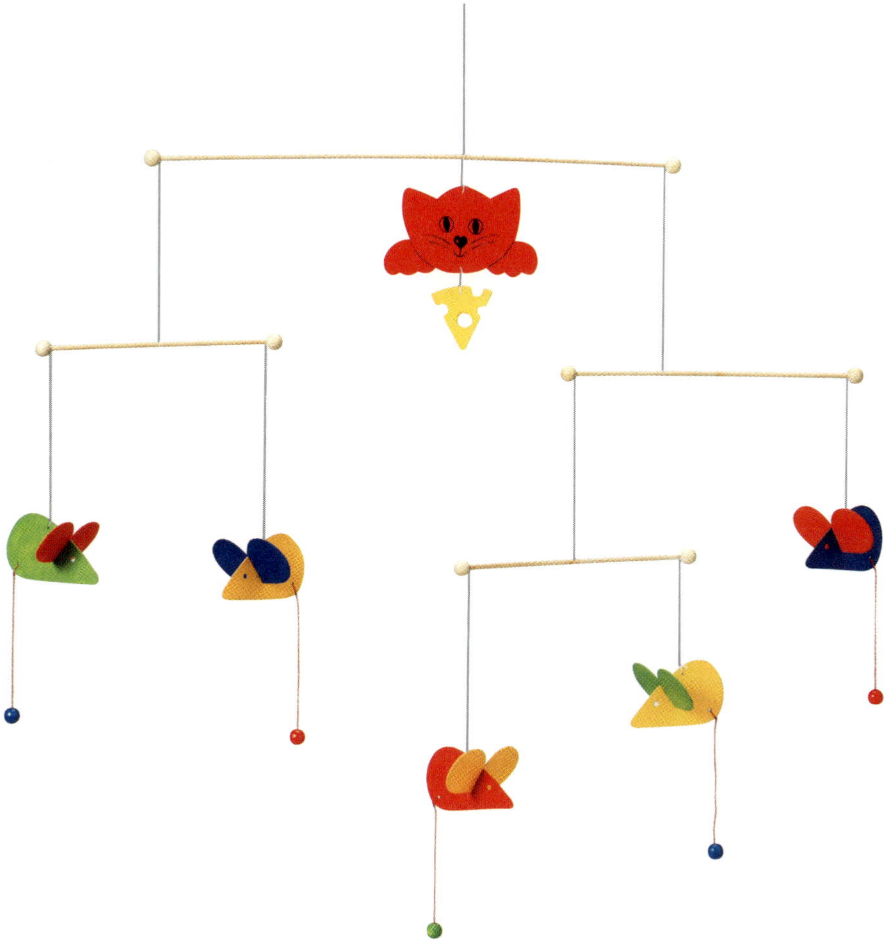

Mobiles gibt es in vielerlei Ausführungen zu kaufen. Manche Mobiles sind batteriebetrieben, andere sind so leicht gebaut, dass der Luftzug die Bewegung hervorruft. Fisher Price, Selecta und Haba u. a. bieten eine reiche Auswahl.

Die ersten Spielsachen bieten in erster Linie „Sehfutter" sowie Hörerlebnisse.

Rasseln und Beißringe

Rasseln verschaffen bereits Babys ab sechs Wochen wichtige Hör- und Greiferfahrungen. Sie erleben dabei, dass sie selbst ein Geräusch

verursachen können, indem sie an die Rassel stoßen oder erste Greifversuche damit machen. Daher sollte man bei Rasseln darauf achten, dass sie leicht zu greifen sind und einen schönen Klang haben. Viele Firmen, z. B. Sigikid, Haba oder Fisher Price, bieten verschiedenste Modelle an, die sich teilweise schon für Babys ab dem dritten Monat eignen.

Da Babys häufig auf die Rassel beißen, muss beim Kauf unbedingt darauf geachtet werden, dass sie keine scharfen Kanten haben und keine Teile abbrechen können.

Beißringe sind häufig mit Rasseln kombiniert und können in diesem Fall die Rasseln ganz ersetzen. Beißringe halten in der Regel alle notwendigen Sicherheitsstandards ein. Achten Sie beim Kauf aber immer auf die entsprechenden Gütesiegel (siehe Seite 20f.).

Spieluhren

Spieluhren gehören zur Grundausstattung des Kinderzimmers und sind ein beliebtes Geschenk. Nähere Informationen über Spieluhren finden Sie auf Seite 80. Wenn Sie eine Spieluhr eines namhaften Herstellers wie Haba, Sigikid, Steif, Fehn, Sterntaler oder Fisher Price kaufen, sind die Sicherheitskriterien erfüllt. Dann brauchen Sie sich bei der Auswahl „nur" noch vom Motiv – ob Clown, Katze, Stern usw. – leiten lassen.

Stofftiere

Stofftiere sind die besonderen Begleiter von Kindern und geben ihnen in unsicheren Situationen Sicherheit (siehe Seite 76f.). Meist zeigt sich bereits im ersten Lebensjahr, welches das Lieblingstier des Kindes wird. Die anderen Tiere und Puppen werden dann zwar für die unterschiedlichen Spiele gebraucht, aber das Lieblingstier wird das Kind immer begleiten.

Stofftiere sind wichtige Begleiter und Tröster des Kindes. Lassen Sie das Kind selbst entscheiden, welches sein Lieblingstier wird – auch wenn es nicht der schönste Teddy ist!

Sie helfen Ihrem Kleinkind sehr, wenn Sie es nicht mit Stofftieren überhäufen. Eine kleine Auswahl ist richtig und ermöglicht ihm vielfältige Spiele. Berge von Kuscheltieren sind aber völlig überflüssig! Aufgrund der wichtigen und dauerhaften Funktion, die das Stofftier für das Kind hat, muss hier besonders auf Qualität geachtet werden. Von Billigprodukten aus dem Supermarkt ist abzuraten.

Hilfreiche Auswahlkriterien:

- Die Fasern der Stofftiere sollten nicht fusseln; ziehen Sie im Laden ruhig mal am Fell. Haben Sie danach Fusseln in der Hand, ist das Material nicht geeignet.
- Stofftiere und Puppen, die aus Baumwolle oder anderen Naturmaterialien gefertigt sind, fusseln in der Regel nicht. Zudem sind diese bei mindestens 30 Grad waschbar, was eine unbedingte Voraussetzung für den Kauf sein sollte.
- Das Stofftier bzw. die Stoffpuppe muss keineswegs detailgetreu sein – ganz im Gegenteil. Je weniger Details bei dem Tier oder der Puppe herausgearbeitet sind, umso besser kann das Kind seiner Fantasie freien Lauf lassen.

Qualitativ gute Produkte findet man bei den Firmen Steiff, Sterntaler, Käthe Kruse und Sigikid.

Wagenketten und Bettketten

Fürs Bettchen oder den Kinderwagen sind viele Perlenfiguren, Wagenketten, Schnullerketten in unterschiedlichen Figurformen, in Natur- oder Grundfarben, auf dem Markt erhältlich. Sie regen das Kind zum Schauen, aber auch zum „Begreifen“ an. Viele sind mit Glöckchen kombiniert und üben so zusätzlich akustische Reize aus.

Diese Motivketten geben dem Kind die Möglichkeit, die ersten Erfahrungen mit dem eigenen Spiel und der Selbstbeschäftigung zu machen. So kann es die Zeit vor dem Einschlafen nutzen oder nach dem Aufwachen erst noch eine Weile spielen, bevor es sich meldet.

Achten Sie beim Kauf auf die Stabilität der Kette, auf der die einzelnen Teile aufgefädelt sind. Sie muss einen kräftigen Zug aushalten; vor allem in der Zeit, in der das Baby noch nicht gezielt greifen kann, verhakt es sich oft mit der Hand und zieht sehr fest. Deshalb sind die Wagenketten häufig aus Gummiband.

Empfehlenswerte Produkte bieten u. a. die Firmen Haba, Esprit Remus, Playmobil, Lorenz, Sterntaler und Selecta.

Stapelspiele und Spiele zum Zuordnen

Spiele, die Farb-, Form- und Größenzuordnungen verlangen, bieten Unterhaltung für Kinder ab zwölf Monaten. Sie werden am liebsten zusammen mit Eltern oder Geschwistern gespielt: Kinder können davon oft nicht genug bekommen. Dabei spielt für das Kind die Wiederholung eine große Rolle. Es liebt es, sich immer wieder mit demselben Spiel zu beschäftigen, da es dabei wichtige Erfolgserlebnisse verzeichnen kann. Das Kind wird immer sicherer im Greifen und Zuordnen und weiß allmählich genau, welcher Ring auf den anderen gehört. Es hat ein kleines Stück mehr von seiner Welt verstanden und im wahrsten Sinne „be-griffen“.

Sortieren und Ordnen – immer wieder aufs Neue: Dabei begreift das Kind wichtige Grundstrukturen der Welt.

Pyramiden aus Holz oder Kunststoff gibt es seit vielen Kindergenerationen. Eine besonders schöne Holzpyramide ist Pyramidis von Haba. Das bekannteste Kunststoffprodukt ist wohl die Ringpyramide von Fisher Price.

Ein breites Angebot bietet die Firma Kiddikraft (z. B. die Baubecher). Plastik bietet hier vielfältige Form- und Farbmöglichkeiten und kann überall eingesetzt werden. Es findet seine Verwendung in der Badewanne genauso wie im Sandkasten und ist mühelos wieder zu reinigen.

Krabbeldecken

Krabbeldecken sind praktisch und bieten viel fürs Auge. Oft macht das Baby auf der Krabbeldecke seine ersten freien Bewegungen. Gefahrlos kann es auf der warmen und weichen Unterlage dem eigenen Bewegungsdrang nachgeben und mit sich selbst experimentieren. Damit sich das Kind hier wohl fühlt, sollte die Decke aus weichem Material bestehen. Lassen Sie Ihr Kind hier immer wieder nackt strampeln. Später verwandelt sich die Krabbeldecke häufig in die Kuscheldecke, mit der ein Kind sich zurückzieht, wenn es Schutz und Wärme braucht. So stellt der Kauf einer Krabbeldecke eine langfristige Inves-

Sich-Wohlfühlen sollte jede Aktivität, die man dem Baby anbietet, leiten.

tition dar, und es lohnt sich, dabei auf Qualität zu achten. Das Angebot an guten und qualitativ hochwertigen Krabbeldecken ist sehr groß. Achten Sie beim Kauf darauf, dass der Stoff sich angenehm anfühlt und sich bei 40° C (besser 60° C) waschen lässt.

Erste Bilderbücher

Schon für Babys gibt es spezielle Bilderbücher, z. B. Holzbilderbücher mit allen möglichen Motiven aus der Alltagwelt von Kindern, mit Lieblingstieren, Garten- oder Stadtmotiven, Autos usw. Die Motive müssen klar und die Bilder eher reduziert gezeichnet sein, da Babys mit zu vielen Details überfordert sind.

Auch Funktionsbilderbücher aus Stoff sowie Fühl- und Tastbücher geben in dieser Altersstufe viele Anregungen.

Puzzles

Puzzeln macht schon kleinen Kindern Spaß.

Erste Puzzles aus Holz mit wenigen bunten Teilen fehlen in keinem Kinderzimmer. Beim Puzzeln wird die Wahrnehmung geschult und die Auge-Hand-Koordination trainiert. Helfen Sie Ihrem Kind am Anfang. Lassen Sie sich z. B. die ersten Male von Ihrem Kind zeigen, an welche Stelle das Puzzleteil kommt, fügen Sie es aber selbst dort ein. Später machen Sie es umgekehrt; Sie sagen Ihrem Kind, wo es

das Teil ablegen soll. Rasch hat Ihr Kind so eine Beschäftigung gefunden, die ihm hin und wieder auch allein Spaß macht und ihm die Möglichkeit bietet, sich beschäftigt zurückzuziehen.

Wählen Sie anfangs Motive aus der Erlebniswelt des Kindes. Wenn Sie z. B. einen Garten haben, suchen Sie ein Bild, das einen Garten zeigt.

Für die ersten Puzzleversuche eignen sich Holzpuzzles mit Griff. Sie werden z. B. von Ravensburger, Selecta, Haba, Jumbo und Mertens angeboten.

Für größere Kinder ab etwa zwei Jahren eignen sich Puzzles aus so genannter Primärpappe. Es handelt sich dabei um eine besonders stabile Pappe, welche sich nicht gleich auflöst, wenn sie mal in den Mund genommen wird oder Saft drauf tropft.

Ein schönes Spiel, welches viele Eltern sicher aus der eigenen Kindheit kennen, sind die Bilderwürfel; sie haben sechs verschiedene Motive, mit denen das Kind spielen kann.

Heike Baum / Sandra Meyer

Kreativität und Fantasie

Bauen und Konstruieren gehören zu den Lieblingsbeschäftigungen vieler Kinder. Eltern sind immer wieder fasziniert, welch tolle Ideen ihre Kinder haben und welch fantastische Gebilde sie zustande bringen. Mit Hilfe geeigneter Materialien können Kinder ihrer Kreativität freien Lauf lassen …

Kinder lieben das Bauen

Beim Spiel mit Bauklötzen errichten Kinder eigene Welten und lernen gleichzeitig eine Menge über die Gesetzmäßigkeiten unserer Welt.

Im Spiel mit Bau- und Konstruktionsmaterialien eignen sich Kinder einfache Grundregeln an, die es in unserer Welt gibt. So lernen sie z. B. etwas über die Erdanziehung, wenn beim Turmbau die Bauklötze immer wieder runterfallen. Das Kind begreift hier, dass in unserer Welt bestimmte Gesetzmäßigkeiten gelten, unabhängig von seinem Willen. Darüber hinaus erlebt das Kind durch das eigene Bauen und Konstruieren einfache physikalische Eigenschaften und Naturgesetze und den Raum als Dimension.

Babys beginnen damit, die Bauklötze zu betrachten, sie vielleicht nach der Farbe zu sortieren, danach werden sie in eine Reihe auf den Boden gelegt, je nach Veranlagung des Kindes mehr oder weniger akribisch. Eines Tages ist es dann soweit: Die ersten Bauklötze werden übereinander gelegt. Es beginnt das Stapeln – erst mit wenigen, dann mit immer mehr bunten Quadern. Die Türme müssen und sollen immer wieder einstürzen – das fasziniert jedes Kind immer wieder von Neuem. Und wenn der Turm im Laufe der Zeit so stabil gebaut wird, dass er stehen bleibt, hilft das Kind nach, damit er umfällt. Die Faszination liegt im Erleben dessen, dass etwas von selbst nach unten fällt – ohne äußere Einwirkung. Deshalb sind Bauklötze für Kinder wichtig und gehören in jedes Kinderzimmer. Es müssen nicht viele sein; es sollten allerdings gleich große Quader sein, die gut stapelbar sind. Zwanzig Stück genügen; wenn Ihr Kind allerdings ein begeisterter Konstrukteur ist und ganze Landschaften errichtet, sollten Sie den Bausatz ergänzen. Auf anderes Konstruktionsspielzeug können Sie in diesem Fall erst einmal verzichten.

Nach den ersten Türmen baut das Kind Häuser, Brücken, Autos. Jetzt werden Ergänzungssets und Erweiterungssets interessant. Greifen Sie dabei auf die Themen zurück, welche Ihr Kind gerade interessieren. Kaufen Sie ihm nicht den Bauernhof, wenn es gerade von Krankenhäusern begeistert ist.

Vom Bauen zum Konstruieren

Zwischen dem dritten und fünften Lebensjahr verlieren Kinder meist das Interesse an Bauklötzen. Oft liegt es daran, dass bestimmte Dinge einfach nicht so gebaut werden können, wie sie in der realen Welt vom Kind erlebt werden. Vielleicht spielt auch eine Rolle, dass der Rohstoff Holz in der Technik kaum vorkommt.

Interessant werden nun Konstruktionskästen mit verbindenden Elementen. Diese sind zum Großteil aus Kunststoff gefertigt. Auch hier sollten Sie mit einem Basic-Kasten beginnen. Beobachten Sie zuerst, ob Ihr Kind mit diesem System klarkommt und Spaß daran hat, bevor Sie Erweiterungssysteme kaufen. Mit manchen Konstruktionssystemen kann sich das Kind über zehn Jahre hinweg immer wieder aufs Neue beschäftigen.

In jeder Alterstufe und in jedem Spielbereich gilt immer: Lassen Sie sich beim Spielangebot vom Kind leiten. Was interessiert das Kind? Mit was beschäftigt es sich gerne? Wo liegen seine thematischen und seine „handwerklichen" Interessen? Das Kind sollte bei der Auswahl seiner Spielmaterialien immer beteiligt werden.

Bau- und Konstruktionssysteme – richtig ausgewählt!

Damit das Kind lange Freude an seinen Baumaterialien hat, sollten sie mit Bedacht ausgewählt werden.

Damit Ihr Kind lange Spaß an seinen Baumaterialien hat und dabei seine Vorstellungen und Ideen angemessen umsetzen kann, finden Sie im Folgenden wichtige Kriterien, die Ihnen beim Kauf eine Entscheidungshilfe sein können:

- Für den Anfang sollte das System schon mit einfachen Formen Erfolgserlebnisse ermöglichen.
- Mit dem Grundbaukasten müssen viele verschiedene Modelle (Häuser, Autos ...) hergestellt werden können.
- Das System muss „mitwachsen" können. Das bedeutet, dass die angebotenen Ergänzungssets für verschiedene Altersstufen unterschiedliche Anforderungen bereitstellen, aber auch unterschiedliche Techniken erlebbar machen. Ein System, das für kleine Kinder

Grundbaukästen bietet, aber auch zu Hydraulik, Elektrizität und sogar Computersteuerungstechniken für Jugendliche Angebote macht, ist für lange Zeit gespickt mit Herausforderungen und bindet Ihr Kind an dieses System.

- Die Gestaltungsmöglichkeiten müssen sowohl die Fantasie beflügeln als auch reale Herausforderungen bieten.
- Gibt es Zusatzmaterial (Tiere, Menschen, Bäume usw.) aus anderen Systemen, welche die Kinder kombinieren können?
- Haben Verwandte oder Freunde dasselbe System, das die Kinder austauschen können? Oder kennen Sie ältere Kinder, die ihr System verkaufen wollen?
- Können wichtige Kleinteile nachgekauft werden?
- Haben Sie in der Wohnung genügend Platz, damit die Baulandschaft auch über einen längeren Zeitraum stehen bleiben kann? Vielleicht eine Plattform, die auch mal weggetragen werden kann?
- Entspricht das System unserer heutigen Welt? Zeichnet es die reale, technisierte Welt nach? Oder baut es eine romantische „heile“ Welt auf? Nichts gegen nostalgische Gefühle – aber Kinder brauchen auch die Auseinandersetzung mit der Welt, in der sie leben werden.
- Wie steht es um die Klischees von Mädchenwelten und Jungenwelten? Unterstützt das Spiel etwa die althergebrachte, spezifische Rollenverteilung?
- Je größer die technischen Anforderungen werden, umso stärker müssen Sie darauf achten, dass Ihr Kind sicher im Umgang mit dem Konstruktionsmaterial ist und sich nicht selbst gefährdet. Helfen Sie ihm, wenn nötig.

Ein paar Spielideen mit Bauklötzen

Blind bauen

Ein Elternteil sitzt mit dem Kind auf dem Boden. Der Erwachsene schließt die Augen und beginnt, einen Turm zu bauen. Dabei zählt er die einzelnen Bauklötze, die er aufeinander stapeln kann. Das macht er so lange, bis der Turm umfällt. Nun ist das Kind an der Reihe. Wer kann blind den höheren Turm bauen?

Haben Sie zwei Kinder, können Sie ausprobieren, wer sehend den höheren Turm bauen kann.

Farben zuordnen

Sie sitzen mit Ihrem Kind oder mit mehreren Kindern auf dem Boden. In der Mitte liegen bunte Bauklötze. Nun beginnen Sie, eine Geschichte zu erzählen. Dabei betonen Sie immer wieder besonders die Farben, welche die Gegenstände in Ihrer Geschichte haben. Jedes Mal, wenn eine Farbe genannt wird, nimmt das Kind einen Bauklotz in der entsprechenden Farbe in die Hand.

Farben würfeln

Außer bunten Bauklötzen brauchen Sie nun einen Farbwürfel. Jeder Spieler und jede Spielerin erhält zehn Bausteine. Das Kind beginnt zu würfeln und nimmt aus seinem Vorrat einen Baustein in derselben Farbe und legt ihn in die Mitte. Nun ist das nächste Kind oder der Erwachsene an der Reihe und würfelt. In der entsprechenden Farbe wird nun ein Klotz auf den ersten gestapelt. Nach und nach entsteht so ein Turm.

Fallen dabei Bauklötze vom Turm, muss sie der Spieler oder die Spielerin zu sich nehmen. Würfelt jemand eine Farbe, die er oder sie selbst nicht hat, darf er einen Mitspieler bestimmen, der einen Stein auf den Turm legen muss. Wer als Erstes keine Bauklötze mehr besitzt, ist Sieger.

Empfehlenswerte Materialien

Achten Sie beim Kauf eines Bausystems auf vielfältige Erweiterungsmöglichkeiten.

Die Auswahl an Bau- und Konstruktionssystemen ist riesig. Der Kauf sollte wohl überlegt sein, zumal sich das Kind ja längere Zeit mit dem Material beschäftigen soll. Die folgenden Überlegungen sollen Ihnen neben den Kriterien, die auf Seite 41f. angeführt wurden, eine kleine Entscheidungshilfe geben.

Bauklötze

Bauklötze werden in zahlreichen Variationen angeboten. Wenn Sie farbige Klötze kaufen, achten Sie darauf, dass die Farben sich nicht lösen und ungiftig sind.

Wollen Sie, dass Ihr Kind längere Zeit mit Bauklötzen spielt, sollten Sie sich für ein Produkt entscheiden, das ausbaufähig ist. Allerdings ist es bei Bauklötzen einfacher, unterschiedliche Systeme miteinander zu verbinden als bei Konstruktionssystemen.

Bauklötze können Sie Ihrem Kind ab etwa acht Monaten anbieten. Wenn Sie sich für das System von Haba entscheiden, können Sie etwa ein Jahr später den Kugelbahn-Bausatz hinzunehmen und das Spiel damit erweitern. Zu empfehlen sind auch die Mega Blocks. Für Kinder ab drei Jahren, die sich gerne mit handwerklichen Themen beschäftigen, kann man die Anschaffung von Baufix in Erwägung ziehen. Baufix ist ein System aus Holz, bei dem sich die einzelnen Bauteile durch Holzschrauben und Holzmuttern verbinden lassen.

Kugelbahnen

Inzwischen gibt es eine Reihe von Bausätzen für Kugelbahnen, die viel mehr Spielmöglichkeiten bieten als feste Bahnen.

Bauen Sie dabei auf das System auf, welches Sie bei den Bauklötzen begonnen haben. Diese Kugelbahnen werden für Kinder ab 18 Monaten angeboten. Wenn Ihr Kind jedoch im Umgang mit Bauklötzen bereits sehr geschickt ist, können Sie ihm die Bahn schon früher zur Verfügung stellen.

Holzeisenbahnen

Das Baumaterial sollte das Kind zu individuellen Entfaltungsmöglichkeiten anregen.

Ebenso wie die Kugelbahn bietet auch die Eisenbahn eine willkommene Erweiterung der Bauklötze; auch hier kann an das bereits existierende Bausystem angeknüpft werden.

Allerdings kann sich eine Eisenbahn auch mit anderen Systemen verbinden lassen. Soll das Kind eine Eisenbahn bekommen, so lässt man es am besten selbst aussuchen, welche Bahn ihm gefällt – nur dann wird es auch damit spielen.

Erste Konstruktionsmaterialien

Die bekanntesten Konstruktionsmaterialien für Kleinkinder sind sicher die Duplo-Steine, die bereits für Babys ab sechs Monaten angeboten werden. Nicht alle Eltern sind jedoch der Meinung, dass ihr Kind von klein auf mit Plastiksteinen spielen soll und bieten zunächst nur Holzbausteine an. Soll das Kind jedoch von klein auf auch die Alternative aus Kunststoff haben, stellt sich auch hier die Frage nach

dem System. Alternativen zu Duplo sind: construction toy von Jovo oder Think Big von Paradiso Toy.

Konstruktionsspiele für die Älteren

Der Übergang von Großbausteinen zu den kleinen Steinen (also beispielsweise von Duplo zu Lego) findet mit etwa vier Jahren statt. Häufig wechseln die Kinder am Anfang die Systeme noch, doch bald werden die Großbausteine zu Babykram und können aus dem Spielzimmer geräumt werden. Holzbausteine dagegen werden oft noch längere Zeit benutzt, z. B. um unterschiedliche Höhen in die Spiellandschaft zu bringen.

Nun müssen Sie gemeinsam mit Ihrem Kind Weichen für die weitere „Bauzeit" stellen, die in den nächsten Jahren nur noch mit einem erheblichen finanziellen Aufwand zu verändern sind.

Die verschiedenen Konstruktionssysteme unterscheiden sich in Prinzip und Ausführung zum Teil erheblich, so dass es schwierig ist, Empfehlungen auszusprechen.

Lego

Der Klassiker heißt natürlich Lego. Die Qualität ist gut, und es bieten sich so viele thematische Erweiterungsmöglichkeiten, dass fast jedes Kind sein Interessensgebiet wiederfindet.

Beim Kauf von Erweiterungskästen sollten Sie jedoch darauf achten, nicht zu viele unterschiedliche Spielwelten anzufangen, da diese oft optisch nicht wirklich zusammenpassen. Achten Sie daher auf kombinierbare Themen. Lassen Sie sich nicht zu sehr von Trendthemen leiten.

Zusätzlich werden mit den Themen auch Wertmaßstäbe und Normen vermittelt. Es gibt sowohl gruselige als auch aggressiv wirkende Bauteile, weshalb Sie sich bei der Auswahl auch über die Hintergründe und die Ideologie der verschiedenen Spielwelten informieren sollten.

Fischertechnik

Fischertechnik ist bereits in den Grundanforderungen etwas anspruchsvoller; daher sollten Sie mit dem Kauf so lange warten, bis Ihr Kind den Ansprüchen, die dieses System stellt, genügen kann. Sonst wird es schnell frustriert und mag nicht mehr damit spielen. Es gibt allerdings auch schon Einstiegskästen in der Altersklasse ab 5 Jahren, die vielfältige Baumodelle ermöglichen. Für technisch interessierte Kinder bietet Fischertechnik über Jahre hinweg ein interessantes Betätigungsfeld.

Weitere Bausysteme

Andere Systeme wie zum Beispiel der schöne Anker-Baukasten (hier werden echte Ziegelsteine mit Mörtel zu Gebäuden verarbeitet) oder auch der bewährte Märklinbaukasten (Metallteile, die mit Schrauben verbunden werden) sind eher für ältere Kinder gedacht und finden hier keine weitere Berücksichtigung.

Grundsätzlich gilt:
Bau- und Konstruktionsmaterialien gehören in jedes Kinderzimmer. Dabei kommt es allerdings nicht auf thematisch ausgefeilte Systeme an, sondern auf Material, das dem Kind vielfältige Entfaltungsmöglichkeit seiner Ideen ermöglicht.

Ria Kröber

Plaudern und Plauschen

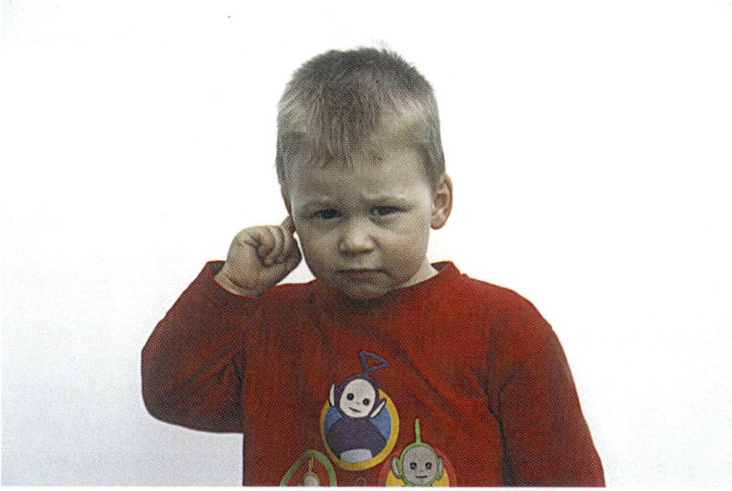

Sprechenlernen ist eine der großen Aufgaben des Kleinkindalters. Durch aufmerksames Reden und Zuhören und durch vielfältige Spielideen können Eltern diesen Prozess unterstützen und mit dem Kind gleichzeitig viel Spaß haben.

Vom Hören zum Sprechenlernen

Hören und Sprechenlernen sind eng miteinander verbunden.

Töne, Laute und die menschliche Sprache drücken für uns Menschen vielfältigste Stimmungen aus und sind die Grundvoraussetzung für das gegenseitige Verstehen.

Das Sprechen und Sprechenlernen ist eng verbunden mit dem Sehen, Hören und Nachahmen. Kinder hören zunächst all die unterschiedlichen Laute. Dann beobachten sie unsere Lippenbewegungen beim Formen der Laute. Zusätzlich sehen sie unseren Gesichtsausdruck, der Stimmungen und Gefühle widerspiegelt, und ordnen diesen den Lauten und Lippenbewegungen zu. Anschließend wird versucht, das Gesehene und Gehörte nachzuahmen und die eigene Mund-, Zungen- und Lippenbeweglichkeit auszuprobieren. Und schon hören Sie die ersten, lustigen Laute Ihres Sprößlings – noch bevor das ersehnte „Mama" oder „Papa" erklingt.

Von der Babysprache

Das Sprechen ist die Grundlage aller sozialen Beziehungen, aber auch des weiteren Lernens und Denkens. Für das Kind sind Laute in den ersten Monaten die einzige Kommunikationsmöglichkeit, um eigene Bedürfnisse zum Ausdruck zu bringen und deren Befriedigung einzufordern, da es sich noch nicht selbstständig fortbewegen kann. Ab etwa dem sechsten Lebensmonat kommen beim Ausprobieren der interessanten Möglichkeiten von Lippen, Zunge und Mundhöhle Lall- und Brabbeltöne hinzu. Probieren Sie in dieser Zeit ruhig die Laute Ihres Babys selber aus. Es wird begeistert sein und sich aufs Beste verstanden fühlen, wenn Sie mit ihm abwechselnd in seiner Sprache kommunizieren. Die Erwachsenensprache benutzen Sie hingegen, wenn Sie von der Welt außerhalb des Kindes sprechen, also Gegenstände, Ereignisse, Situationen usw. und sich selbst beschreiben. Ihr Kind wird in seiner eigenen Zeit die Begriffe seiner Babysprache verlassen und die allgemein gültigen Bezeichnungen verwenden.

Kleine Anregung für den Alltag:

Kinder lieben Fragespiele. Vor allem, wenn Sie zwischen „richtige" Fragen „falsche" mischen.

Spielen Sie ein Fragespiel mit Ihrem Kind, bei dem es einfache Ja-Antworten geben kann. Kann der Hund laufen? Ja. Kann der Vogel fliegen? Ja. Kann der Fisch schwimmen? Ja. Und so weiter.

Wenn Sie dann unter die richtigen Fragen eine falsche mischen, wird das schnell zu einem Riesenspaß für Ihr Kind. Kann der Hund laufen? Ja. – Kann das Fläschchen fliegen? Ja – und lautes Lachen.

Von der Nachahmung

Sprechen Sie viel mit Ihrem Kind.

Kinder lernen durch Nachahmung. Nur wer Sprache hört, kann sie sprechen lernen. Deshalb sollten Kinder von Beginn an in Worte „gekleidet" und in Sprache „gebadet" werden. Im wahrsten Sinne des Wortes können Sie diese Tätigkeiten des Ankleidens und Badens mit Sprache verbinden. Und wenn die Eltern z. B. abends von ihrem Tag berichten und die Erlebnisse ihres Kindes aus ihrer Sicht wiedergeben, übt dies das Kind nicht nur im Zuhören und Aufnehmen ganzer Sätze, sondern unterstützt und animiert es auch, auf ähnliche Weise von sich aus zu erzählen und sich mitzuteilen. Scheuen Sie sich also nicht davor, schon im Säuglingsalter immer wieder mit Ihrem Kind zu reden und zu erzählen. Es wird sich nicht nur am Klang Ihrer Stimme erfreuen, sondern auch gleichzeitig mit großem Interesse Ihren Mund und dessen Bewegungen verfolgen. Und es gewöhnt sich von Anfang an daran, dass Worte und Sprache eine Form des Ausdrucks und des Kontakts sind.

Kleine Anregung für den Alltag:

Das Spiel „Die lustige Geschichte" ist sehr beliebt bei Kindern. Fangen Sie selber mit einem Satz an, z. B. „Der kleine Vogel sitzt hoch auf einem Ast und zwitschert vor sich hin." Als Nächstes ist Ihr Kind an der Reihe. Es wiederholt Ihren Satz und setzt einen eigenen hinten dran. Nun ist es wieder an Ihnen, die ersten beiden Sätze zu wiederholen und einen dritten Satz anzufügen. Auf diese Weise kann eine ganz verrückte und lustige Geschichte entstehen, die Sie und Ihr Kind gleichermaßen erfunden haben.

Richtig zuhören

Zuhören und Lauschen sind im selben Maße Kommunikation wie Reden und Plaudern. Nur fließen diesmal die Informationen von außen

Haben Sie Geduld, wenn Ihr Kind etwas erzählt – es braucht Zeit, seine Gedanken in Worte umzusetzen.

nach innen und nicht umgekehrt. Sind Sie selbst die Zuhörende oder der Zuhörende, so lassen Sie Ihrem Kind Zeit beim Antworten, beim Sprechen, beim Erzählen, denn Kinder sind sprachlich viel langsamer als Erwachsene. Sie wollen verstanden werden und reagieren mit Ärger oder Tränen, wenn dies nicht passiert. Fragen Sie nach, bis Sie verstanden haben, was es Ihnen zeigen oder mitteilen möchte. Bieten Sie ihm dabei Wahlmöglichkeiten an, denn diese erleichtern die Kommunikation für Ihr Kind und erweitern gleichzeitig seinen Sprachschatz.

Kleine Anregung für den Alltag:
Setzen Sie sich gemeinsam mit Ihrem Kind bequem auf den Boden oder auf einen Stuhl. Dann schließen Sie beide die Augen und lauschen einfach eine Minute lang. Dabei wird nicht gesprochen. Nach einer Minute öffnen Sie die Augen und tauschen sich aus, welche Geräusche jede/r gehört hat. Mal schauen, wer die meisten behalten konnte!

Viel mehr Geräusche sind natürlich im Freien und in der Natur zu hören. Doch Sie werden auch staunen über all die alltäglichen Geräusche innerhalb eines Hauses, die man gar nicht mehr wahrnimmt und beachtet.

Die richtige Atmosphäre
Zum Plaudern und Lauschen brauchen Kinder eine Atmosphäre, in der sie entspannt und aufmerksam zuhören können. Ein Kuschelplatz, angenehmes Licht und bequeme Lausch-Haltung sind Voraussetzung für die folgenden Spielideen. Sie unterstützen das Kind dabei, zur Ruhe zu kommen, nachzuspüren und sich mitzuteilen. Sie helfen ihm bei der Konzentration und beim Ausdrücken von Gedanken, Ereignissen, Gefühlen und Stimmungen. Und nicht zuletzt bietet eine angenehme Atmosphäre auch Ihnen einen Ort der Ruhe und Konzentration und des geselligen Beisammenseins mit Ihrem Kind.

Fantasie, Identifikation und Rollenspiel

Kinder lieben Rollen- und Märchenspiele und lösen dabei auf spielerische Weise viele Problemstellungen ihres Lebens.

Für die Sprachentwicklung, aber auch die gesamte Persönlichkeitsentwicklung des Kindes sind Fantasie- und Rollenspiele von höchster Bedeutung. Denn Kinder sind noch wunderbar in der Lage, sich in ihrer Fantasie in alle möglichen Wesen und Tiere zu verwandeln und auf diese Weise viele Abenteuer zu bestehen, eigene Wünsche zu erfüllen, aber auch alltägliche Probleme und Schwierigkeiten auszudrücken und zu verarbeiten. Märchen bieten Kindern genau diese Möglichkeit der Bewältigung vieler kindlicher Probleme und Sorgen durch die Identifikation mit den Märchenfiguren. Im freien Spiel, aber auch im Spiel mit Handpuppen und Tieren schlüpfen Kinder in andere Rollen, nehmen Charaktere an, die ihnen in direkter und tatsächlicher Konfrontation „riskant" werden können, und spielen Situationen nach, die sie in der einen oder anderen Weise beschäftigen. Geben Sie Ihrem Kind jederzeit die Möglichkeit, Zugang zu Handpuppen und Spieltieren zu haben. Kinder spielen oft allein mit ihren „Vertrauten" und führen dabei Selbstgespräche. Sie brabbeln vor sich hin und benennen alle Dinge, Vorgänge und Handlungen. Das ist ihre Art der Konzentration, des Denkens und des Verarbeitens – und sie ist der Art vieler Erwachsener sehr ähnlich, wenn diese vor sich hinmurmeln, um zu einer geistigen Klärung zu kommen.

Spielen Sie selber oft mit Handpuppen und -tieren mit Ihrem Kind. Sie üben und vergrößern dabei auf spielerische Weise seinen Sprachschatz und geben ihm gleichzeitig durch die Identifikation mit der Handpuppe oder dem Tier eine kindgemäße Möglichkeit des Mitteilens und Verarbeitens. Und dieses Spiel macht Ihrem Kind Spaß!

Einfache Spielideen

Beim Sprechen und Sprechenlernen werden, wie bereits beschrieben (siehe Seite 50), sowohl verschiedene Sinnesorgane eingesetzt (Augen und Ohren) wie auch vielfältige Muskeln in und um den Mundbereich beansprucht. Diese müssen natürlich, wie alle anderen Körpermuskeln, zunächst aufgebaut und im weiteren Verlauf trainiert werden.

Lustige Spiele, bei denen die Stimme erforscht wird, begeistern Kinder sehr.

Eine ebenso große Rolle beim Sprechen spielt die Atmung. Der Atem-Luftstrom bringt die Stimmbänder zum Schwingen, was wiederum einen Ton erzeugt, der sich seinerseits durch Zungen-, Mund- und Lippenformung zu einzelnen Buchstaben, Worten und Sätzen gestaltet.

Im Folgenden finden Sie einige einfache Spielideen rund um Atmung und Mund- und Lippenmuskulatur, die Sie mit einem oder mehreren Kindern durchführen können. Hilfreich dabei ist es, wenn Sie und andere Erwachsene ebenfalls mitmachen. Auch für Kinderfeste und Partys sind einige dieser Spiele eine lustige Abwechslung zu den bekannten Partyspielen.

Tierstimmen-Wettspiel

Material: Tier-Memory-Karten

Beschreibung:

Mehrere Tierpaare werden verdeckt auf den Tisch gelegt. Wie bei Memory decken die Kinder der Reihe nach je zwei Karten auf. Dabei imitieren alle ganz schnell und möglichst genau das abgebildete Tier. Werden zwei gleiche Tierkarten aufgedeckt, bekommt das Kind, das am schnellsten und besten den Tierlaut imitiert hat, das Kartenpaar.

Stimm-Wirkung:
Die Tierlaute, z. B. für Hund, Katze, Frosch, Kuh, Vogel und Schaf, werden sämtlich an verschiedenen Stellen im Rachenraum gebildet und durch unterschiedliche Lippenstellungen geformt. Durch dieses Spiel lernt das Kind seine eigenen stimmlichen Möglichkeiten kennen. Es lernt, Ton-Variationen wahrzunehmen und zu reproduzieren und verschiedene Stimmhöhen spielerisch auszuprobieren. Zusätzlich wird die auditive Wahrnehmung geschult.

Tönende Schritte
Material: bunter Karton, Schere
Beschreibung:
Aus dem bunten Karton werden Kreise ausgeschnitten (ca. 20 cm Durchmesser) und kreuz und quer auf dem Boden verteilt. Jeder Farbe wird ein bestimmter Ton derselben Gattung zugeordnet, z. B. blau = mam, grün = mim, gelb = mum usw.

Lang oder kurz, hoch oder tief? Beim bewussten Zuhören gibt es viel zu „erlauschen".

Die Kinder laufen oder hüpfen nun der Reihe nach von einem Kreis zum nächsten und erzeugen dabei die passenden Töne.
Variationen:
Die Abstände der Kartonkreise werden variiert, so dass sich auch die Tonhaltedauer verlängert.

Die Stimmstärke kann variiert werden: leise – laut. Auch die Stimmhöhe kann variiert werden: hell – dunkel.
Andere Laute können eingesetzt werden, z. B. „w", „s" oder „j".
Stimm-Wirkung:
Dieses Spiel erfordert Konzentration und Aufmerksamkeit: Welcher Stimmlaut gehört zu welcher Farbe?

Durch die Bewegung beim Tönen erhöht sich die gesamte Körperspannung; dies hat auch positive Auswirkungen auf die Lippenspannung. Auch der Laut „m" trägt zu höherer Lippenspannung bei. Die Füße werden im wahrsten Sinne des Wortes bewusst betont.

Pustespiele
Material: Trinkhalm, Zahnstocher, Kerze, leere Streichholzschachtel Kirschkerne (je nach Spiel)

Pustespiele lassen sich überall improvisieren.

Beschreibung:
- Kerze auspusten: Brennende Kerze in einiger Entfernung aufstellen und versuchen, sie durch einen Trinkhalm auszupusten.
- Trinkhalm-Weitpusten: Papierhülle um den Trinkhalm leicht aufreißen und fest in den Halm pusten, so dass die Papierhülle wegschießt. Das funktioniert leider nur beim ersten Mal, wenn der Trinkhalm noch verpackt ist. Danach kann man einen Zahnstocher benutzen, den man in den Halm hineinsteckt und der dann herausgepustet werden muss.
- Streichholzschachtel-Weitpusten: Gehäuse einer leeren Streichholzschachtel locker mit den Lippen umschließen, das Innenteil mit einem kräftigen Atemstoß herauspusten.
- Kirschkern-Weitspucken: Erst genüsslich und mit dem Laut „mmmhh“ einen Kirschkern lutschen und diesen dann so weit wie möglich ausspucken. Sehr beliebt bei sommerlichen Gartenfesten.

Stimm-Wirkung:
Diese Pustespiele aktivieren die Zwerchfellatmung und kräftigen die oft vernachlässigte Ausatemmuskulatur. Die Gesamtkörperspannung, die bei diesen Spielen entsteht, hat wiederum positive Auswirkungen auf die Lippenspannung.

Mit der Welt atmen

Material: keines

Beschreibung:
- Welle: Wie eine Welle gleichmäßig hin- und herschwappt, genauso wird geatmet. Durch die Nase in den Bauch einatmen, dabei bis sechs zählen. Luft anhalten und bis drei zählen. Durch den Mund ausatmen, dabei wieder bis sechs zählen. Luft anhalten und bis drei zählen. Darauf achten, dass genauso lange aus- wie eingeatmet wird! Unterstützend ist hierbei das Bild der gleichmäßigen Welle.
- Luftballon: Sich einen Luftballon vorstellen und so lange durch die Nase einatmen, bis der Luftballon prall gefüllt ist. Dann wie durch ein kleines Loch oder den Spalt des Aufblastunnels die Luft langsam durch den Mund wieder entweichen lassen, bis der Ballon ganz leer ist. Dabei auf „pf“ tönen.

- Luftmatratze: Sich eine Luftmatratze vorstellen, die stoßweise mit einem Blasebalg aufgeblasen wird. Genauso in kurzen Stößen durch die Nase einatmen. Wenn die Luftmatratze gefüllt ist, Ventil öffnen und die Luft durch den Mund wieder langsam entweichen lassen. Dabei auf „pf" tönen.

Worauf es ankommt
Das Wichtigste ist bei allen Spielen und Spielsachen – ob selbst erfundene oder gekaufte – die Kommunikation. Dies kann die Selbstbeschäftigung und Versunkenheit beim Spielen sein ebenso wie der Körper-, Gefühls- und Sprachkontakt mit dem jeweiligen Erwachsenen. Lernspiele für Kinder sind immer nur dann förderlich, wenn sie dem Kind auch wirklich Spaß machen und häufig im Kontakt mit anderen gespielt werden.

Empfehlenswerte Spiele und Spielsachen

Statt „irgendein" Spiel zu kaufen, sollte man genau überlegen, was dem Kind Spaß machen könnte.

Auf den folgenden Seiten sind viele Spiele zum Thema aufgeführt: Brettspiele, Kartenspiele und weitere Spielideen. Die Auswahl auf dem Spielzeugmarkt ist riesig, jedoch leider nicht immer kindgerecht. Bei einem Spiel sollten immer möglichst verschiedene Sinne angesprochen und vielfältige Impulse gegeben werden, denn Kinder (ebenso wie Erwachsene) lernen immer ganzheitlich. Körperbewegungen unterstützen die Sprachentwicklung, Sinneseindrücke fördern das Begreifen von Dingen usw.

Bei Spielmaterialien für Kleinkinder sind Holz und andere Naturmaterialien vorzuziehen; sie sind sinnlicher und oft auch haltbarer.

Obstgarten
Hersteller: Haba
Alter: ab ca. 3 Jahren
Beschreibung:

- Holzwürfel mit fünf verschiedenen Farben und einem Raben, Bastkörbchen, farbiges Obst aus Holz

- Das Kind würfelt und legt ein Obststück passend zur gewürfelten Farbe in sein Obstkörbchen (z. B. bei rot eine Kirsche, bei lila eine Pflaume usw.). Erscheint der Rabe auf dem Würfel, bekommt dieser alle Obstteile aus dem Bastkörbchen. Gewonnen hat das Kind, das die meisten Obstteile in seinem Körbchen hat.

Beurteilung:

Beliebtes Spiel bei Kindern. Angenehmes (Natur-) Material, leuchtende Farben. Das Spiel unterstützt das Erlernen der Farben und fördert die Kommunikation.

Zusätzliche, sprachfördernde Spielidee:

- Erzählen Sie Geschichten zu den einzelnen Obstsorten, z. B. was Sie oder die Oma daraus kochen oder backen u. Ä.

Ratz-Fatz

Hersteller: Haba

Alter: ab ca. 3 Jahren

Beschreibung:

- Eine Bilderbuchgeschichte und verschiedene Teile aus Holz, die in der Geschichte vorkommen (Apfel, Baum, Haus usw.).
- Ein Erwachsener oder ein Schulkind liest die Geschichte vor. Zu-

hörende Kinder müssen aufmerksam lauschen. Sobald eines der Holzteile vor ihnen auf dem Boden in der Geschichte vorkommt, müssen sie ganz schnell dieses Teil greifen.

Beurteilung:

Angenehmes (Natur-)Material. Das Spiel erfordert die Zuordnung von Gehörtem und Gesehenem; es übt das Zuhören und fördert Konzentration und Sprachentwicklung.

Zusätzliche, sprachfördernde Spielideen:

- Erfinden Sie selber eine Geschichte, in der die Gegenstände auftauchen, die auf dem Boden liegen.
- Erfinden Sie ganz neue Geschichten mit alltäglichen Gegenständen, die zum richtigen Zeitpunkt aufgegriffen werden müssen. Oder spielen Sie einmal umgekehrt und lassen Ihr Kind die Geschichte erzählen und Sie selber müssen den genannten Gegenstand aufgreifen. Ihr Kind wird seine Freude an diesem Rollentausch haben und gleichzeitig seine Fantasie und Sprachfähigkeit üben können.

Spiele, bei denen auch Geschichten erzählt werden, sind bei Kindern besonders beliebt.

Ratzolino

Hersteller: Haba
Alter: ab ca. 3 Jahren

Beschreibung:

- Aufgebaut und spielbar wie Ratz-Fatz, aber mit weniger Gegenständen. Auch Ergänzungen zu den Ratz-Fatz-Geschichten sind möglich. Ratzolino kann aber auch ganz allein für sich gespielt werden. Verschiedene Spielmöglichkeiten je nach Alter der Kinder werden in der Anleitung vorgestellt.

Beurteilung:

Eine gute Möglichkeit für den etwas kleineren Geldbeutel.

Naschkatze

Hersteller: Haba
Alter: ab ca. 4 Jahren

Beschreibung:

- Das Spiel umfasst ein Spielfeld mit Bonbon-Feldern, einem Katzenmama-Feld, Katzen-Spielfiguren und Bonbon-Scheiben zum Umdrehen, außerdem einen Schminkstift und Spitzer.

- Bei diesem Gedächtnisspiel drehen die Kinder reihum immer eine Bonbon-Scheibe um und gehen auf ein freies, farblich passendes Bonbon-Feld. Wenn sie dabei das Katzenmama-Feld überqueren, müssen sie sich ein Schnurrhaar ins Gesicht malen. Wer am wenigsten Schnurhaare im Gesicht hat, hat gewonnen.

Beurteilung:
Das Spiel macht Spaß durch das Anmalen und erzeugt Spannung durch das Näherkommen zur Katzenmama. Spielerischer Umgang mit den kleinen „Sünden“ der echten Naschkätzchen …

Zusätzliche, sprachfördernde Spielidee:
- Lassen Sie sich von dem Kind, das auf „Ihr“ Katzenmama-Feld kommt, eine kleine Geschichte erzählen oder ein Liedchen vorsingen oder ein Gedicht aufsagen. So gibt es noch einen zusätzlichen Anreiz beim Spielen und mehr Kommunikation.

Bei Memory-Spielen sind Kinder oft viel erfolgreicher als Erwachsene – das finden sie natürlich toll!

Vier zu mir

Hersteller: Schmidtspiel
Alter: ab ca. 4–5 Jahren

Beschreibung:
- In 24 Dosen sind 24 Tiere versteckt. Diese werden unter den Kindern gleichmäßig verteilt. Es gibt Karten, auf denen jeweils vier Tiere abgebildet sind.
- Die Kinder versuchen herauszufinden, wo sich die vier Tiere auf ihrer Karte befinden und holen sie zu sich, damit sie die Karte ablegen und eine neue nehmen können. Wer am Ende die meisten Karten hat, hat gewonnen.

Beurteilung:
Kinder haben in der Regel schon mit den knubbeligen Tieren viel Spaß an diesem Spiel. Durch den „Memoryeffekt“ haben gerade Erwachsene ihren Spaß und Mühe, mal zu gewinnen – daher als Familienspiel sehr geeignet.

Zusätzliche, sprachfördernde Spielidee:
Die Kinder ziehen blind ein paar Tiere aus der Schachtel und erfinden eine Geschichte, die diese Tiere miteinander erlebten.

Tierstimmen-Memory

Hersteller: Ravensburger
Alter: ab ca. 3 Jahren

Beschreibung:

- Beim Tierstimmen-Memory gibt das kleine gelbe Spielgerät mit Namen Noah den Ton an. „Die Kuh macht Muuuh", lässt es deutlich verlauten, und die Kinder machen sich auf die Suche nach dem passenden Tierpaar.

Beurteilung:

Ein lustiges Spiel, ähnlich dem Tierstimmen-Wettspiel auf Seite 54.

Dreikäsehoch

Hersteller: Haba
Alter: ab ca. 2 Jahren

Beschreibung:

- Aufklappbares Spielbuch mit vier Seiten, in denen jeweils ein farbiger Durchgang für die Maus ausgespart ist. Maus-Spielfigur, Farbwürfel und einige Käsescheiben.

- Das Kind würfelt, flitzt mit seiner Maus durch das entsprechende Farbtor und bekommt zur Belohnung eine Käsescheibe.

Beurteilung:

Das Spiel ist schon mit kleinen Kindern gut spielbar; es fördert das Erlernen der Farben.

Zusätzliche, sprachfördernde Spielidee:

- Erzählen Sie zu jedem Farb-Mauseloch eine kleine Mausgeschichte oder lassen Sie Ihr Kind ein Mausabenteuer erzählen. So entsteht mit der Zeit durch jedes Spiel eine einzigartige, persönliche Maus-Abenteuer-Erzählung, die Sie zusammen mit Ihrem Kind in der jeweiligen Situation erfunden haben.

Spiele mit der Maus sind ein Dauerbrenner.

Mach- und Sachgeschichten mit der Maus

Hersteller: Ravensburger
Alter: ab ca. 5 Jahren

Beschreibung:

- Je eine Basis- und vier Ergänzungskarten (als Puzzle zusammensetzbar) zu insgesamt zehn Mach- und Sachgeschichten. Maus- und Elefantenchips zum Spielen, dazu Begleitheft mit genauen Beschreibungen.
- Die vier Ergänzungskarten zeigen in Bildern Herstellung, Verarbeitung und Gebrauch des auf der Basiskarte abgebildeten Gegenstandes, z. B. Zucker auf der Basiskarte und auf den Ergänzungskarten die Zuckerrüben, das Einsammeln usw. Nach und nach setzen sich die Puzzleteile zusammen und stellen mit ihren Bildern den ganzen Prozess der Entstehung eines Gegenstandes dar.

Beurteilung:

Das Spiel bietet eine gute Möglichkeit, alltägliche Zusammenhänge zu verstehen und trägt zur Sprachschatzerweiterung bei.

Zusätzliche, sprachfördernde Spielidee:

- Erzählen Sie selber die entsprechenden Geschichten zu den Bildern und stellen Ihrerseits Fragen über den abgebildeten Gegenstand an Ihr Kind, die es aus persönlichen Erfahrungen bereits beantworten kann. Auf diese Weise fließen eigene Beobachtungen und Erfahrungen Ihres Kindes in die Unterhaltung ein, und es entsteht ein lebendiger und persönlicher Austausch untereinander.

Mein erster Kalender

Hersteller: Ravensburger
Alter: ab 3–4 Jahren

Beschreibung:

- Zwölf Monatsteile, als Puzzle in Kreisform zusammenlegbar, sowie sieben Tages-Puzzleteile. Mehrere Sonnenscheiben, Spielfiguren, ein Zahlenwürfel.
- Die Monats- und Tages-Puzzleteile zusammenlegen, die Sonnen auf die Monate verteilen. Beginnend auf dem Geburtsmonat der Reihe nach würfeln und die entsprechende Anzahl auf dem Monats- oder Tages-Puzzleteil vorrücken. Liegt eine Sonne auf dem Monatsteil, darf diese weggenommen und behalten werden. Gewonnen hat das Kind, das am Schluss die meisten Sonnen hat.

Beurteilung:

Schöne, passende Bilder zu den jeweiligen Monaten und Jahreszeiten. Das Erlernen der Wochentage und der Monate mit dazugehörigen Jahreszeiten wird spielerisch gefördert.

Zusätzliche, sprachfördernde Spielidee:

- Fragen Sie Ihr Kind bei den Monatskarten und entsprechenden Jahreszeiten nach besonderen Erlebnissen, an die es sich erinnert, und lassen Sie sich diese schildern. Auch mit den Tageskarten können Sie auf spielerische Weise Gedächtnis, Sprache und Zeitgefühl schulen, indem Sie Fragen stellen zu gestern, heute oder morgen (Was hast du gestern Abend, am Dienstag usw. gegessen? Wo wollen wir morgen, am Samstag, hingehen?).

Differix

Hersteller: Ravensburger
Alter: ab 3–4 Jahren

Beschreibung:

- Mehrere Lotto-Spielblätter aus festem Karton mit jeweils neun Motiven und neun passenden Einzel-Lottoblättchen.

Auch Spiele, die die Konzentration fördern, können Spaß machen!

- Alle neun Motive auf einem Blatt und die dazugehörenden Einzelblättchen zeigen nur geringe Unterschiede (z. B. ein Apfel mit zwei Blättern am Stiel und einem Wurm, der aus dem Apfel herausschaut. Mal ist der Wurm links, mal rechts, mal nach oben gebeugt, mal nach unten gebeugt, mal sind es zwei Blätter, mal ein Blatt usw.). Das Kind legt immer das passende Einzelblatt auf das entsprechende Lottoblatt und kann die Richtigkeit später mit Hilfe einer Schablone überprüfen.

Beurteilung:
Auch gut allein zu spielen. Besonders gute Förderung von Beobachtungsgabe und Konzentration.

Bandolo + Bandolino: LernSpielSysteme

Hersteller: Edition Bücherbär
Alter: ab 3 Jahren bis Schulalter mit sich veränderndem Schwierigkeitsgrad

Beschreibung:

- Längliche Spielkarten, die fächerförmig auszubreiten sind mit einer Schnur zum Zuordnen.
- Auf jeder Spielkarte befinden sich zwei Reihen mit Motiven, die zuzuordnen sind (z. B. oben ein Bus, unten Kinder; oben ein Laster, unten Sand; oder für kleinere Kinder: oben eine Kirsche, unten die Farbe Rot). Die Zuordnung erfolgt über die angebrachte Schnur, die immer die passenden Motive miteinander verbindet. Zur Kontrolle kann man nach allen Zuordnungen die Spielkarte umdrehen. Wenn das Schnurmuster auf der Rückseite dem vorgezeichneten Muster entspricht, sind die Zuordnungen richtig.

Beurteilung:
Selbstständig auszuführendes, sehr beliebtes Lernspiel schon für kleine Kinder. Das Spiel verbindet das (Wieder-)Erkennen von logischen Alltagszusammenhängen mit Bewegungen (durch das Fädeln der Verbindungsschnur) und ist daher besonders gut zum Lernen geeignet.

Mein Zuhause
Hersteller: Ravensburger
Alter: ab ca. 3 Jahren
Beschreibung:
- Fünf Bildtafeln mit jeweils fünf als Puzzleteile zuzuordnenden Einzelbildern, die alle in der Szene auf der Bildtafel enthalten sind.

Beurteilung:
Ein einfaches Spiel, das die Beobachtung schult. Wichtig und sinnvoll ist auch hierbei wieder das gemeinsame Gespräch sowie erzählte Geschichten über die dargestellten Gegenstände und Szenen.

Schnipp-Schnapp
Hersteller: Ravensburger
Alter: ab ca. 3 Jahren
Beschreibung:
- Auf den großen Spielkarten ist der bekannte Spielbär Winnie Puuh abgebildet. Je nachdem, welche Karte gezogen wird, wird „Schnipp“ oder „Schnapp“ gesagt.

Beurteilung:
Ein Sprach- und Reaktionsspiel schon für kleine Kinder.

Wenn es auf schnelle Reaktion ankommt, sind Kinder meist „top“.

Koffer Packen
Hersteller: Ravensburger
Alter: ab ca. 5 Jahren
Beschreibung:
- Spielkarten, auf denen immer andere Gegenstände abgebildet sind. Die Karten werden verdeckt auf den Tisch gelegt und jeweils einzeln von den Kindern umgedreht. Ist der abgebildete Gegenstand im Reisekoffer mitnehmbar, darf das Kind die Karte behalten. Wenn nicht, muss die Karte wieder verdeckt auf ihren Platz zurückgelegt werden.

Beurteilung:
Ein schönes Gedächtnis- und Merkspiel, verwandt mit den bei Kindern so beliebten Memory-Spielen.

Zusätzliche, sprachfördernde Spielidee:

- Hat ein Kind eine bestimmte Anzahl von Karten gesammelt, z. B. drei, muss es eine kleine Reise-Geschichte erfinden, in der die gesammelten Gegenstände auftauchen.

Hallo, Herr Bär

Hersteller: Haba

Alter: ab ca. 2 Jahren

Beschreibung:

- Mehrere Spielkarten mit Figuren und kleinen Gedichten und Geschichten zu den Figuren, dazu passende Holz-Spielfiguren, ein aufstellbares Spielhäuschen mit Dach und Wänden.
- Eine Spielkarte wird ausgesucht und die Geschichte vorgelesen, z. B. „Die Katze schleicht das Dach empor, aus dem Fenster guckt ein Vogel hervor." Das Kind nimmt die in der Geschichte vorkommenden Tiere und führt die vorgelesenen Tätigkeiten aus.

Beurteilung:

Ein beliebtes Kleinkindspiel, bei dem es um Zuhören, Zuordnen und Nachspielen geht. Die Freude für die Kinder besteht in erster Linie im Nachspielen der genannten Geschichte.

Lotto-Legespiele und Dominos

Von diesen Spielformen gibt es verschiedene Ausführungen und verschiedene Schwierigkeitsgrade für Kinder ab ca. 4 Jahren. Fast jede Spielzeugfirma hat ein Lottospiel oder ein Dominospiel in ihrem Sortiment.

Bei beiden Spielformen bietet es sich an, zu den gelegten Bildern Geschichten zu erzählen, Abenteuer zu erfinden oder Wortspiele auszuprobieren. Auch erste Buchstaben und ein erstes Zahlenverständnis können durch diese Spielform vermittelt werden. Doch auch diese Spiele werden nur dann zu einem Lern-Spiel, das den Kindern auch Freude macht, wenn dabei viel geredet, erzählt und umschrieben wird.

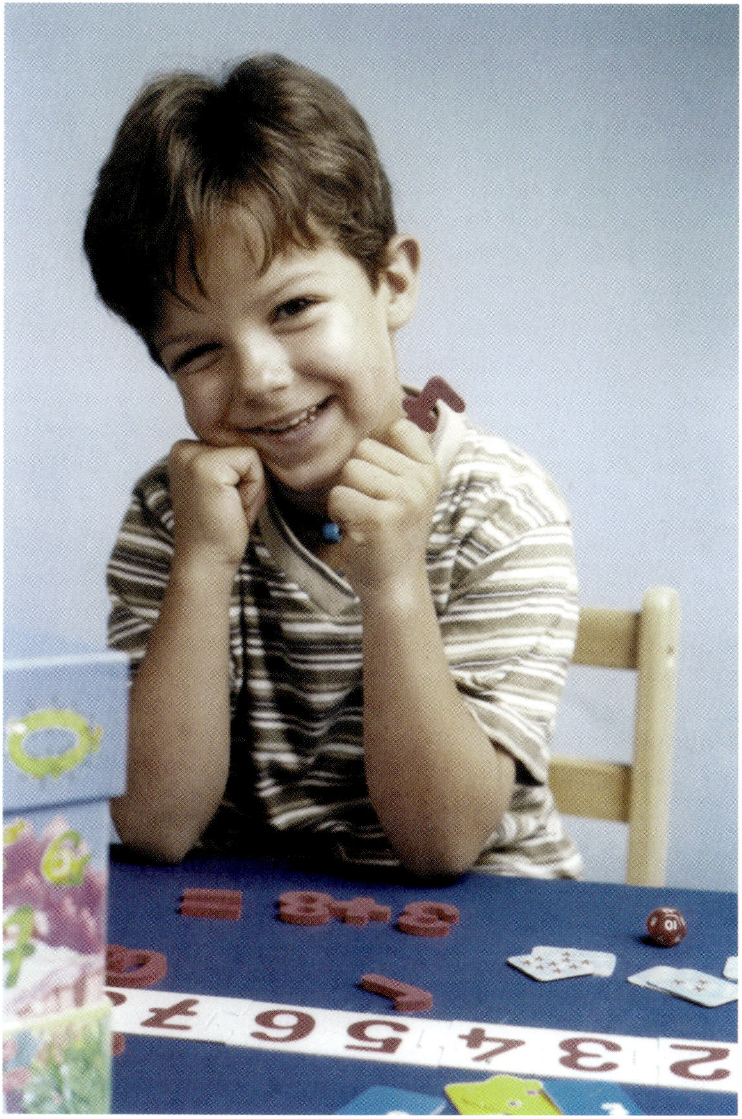

Das Angebot an Lernspielen ist groß – doch auch hierbei muss die Freude am Spielen im Vordergrund stehen.

Mäuse-ABC

Hersteller: Haba
Alter: ab ca. 5 Jahren

Beschreibung:

- Spielesammlung mit verschiedenen nach Alter unterschiedenen Spielvarianten. Grundform des Spiels: Mehrere Holztafeln mit 26 quadratischen Vertiefungen, in die die einzelnen Buchstaben des Alphabets zu legen sind.
- Spielmöglichkeiten sind z. B.: ein Wort aus dem Begleitheft aussuchen, alle Buchstabenplättchen verdeckt auf den Tisch legen, der Reihe nach immer eins aufdecken und auf die eigene Holztafel setzen, wenn ein Buchstabe darauf ist, der auch in dem Wort vorkommt.

  Es gibt aber noch fünf andere Spielvarianten, die zum Teil besondere Schnelligkeit oder Detail-Beobachtungen erfordern.

Beurteilung:

Eine schöne Möglichkeit, um mit den Buchstaben des Alphabets vertraut zu machen. Die Erleichterung durch Formen und Farben fällt bei diesem Spiel fast vollständig weg, weshalb es gerade für ältere Kinder geeignet ist.

Buchstabix

Hersteller: Haba
Alter: ab ca. 5 Jahren

Beschreibung:

- Alle Buchstaben des Alphabets in Klein- und Großschreibweise, jeweils auf stabilen Pappblättchen.

  Bilder mit Gegenständen, die jeweils mit einem der Buchstaben beginnen.

  Die Groß- und Kleinschreibung wird auch bei den Bildern durch eine große bzw. kleine Variante der Abbildung unterschieden (z. B. großer Pinguin, kleiner Pinguin; große Unterhose, kleine Unterhose).
- Auch hier sind wieder verschiedene Spielvarianten mit zwei oder mehr Kindern möglich, bei denen es um Zuordnungen (z. B. Bild zu Buchstabe) oder Memory- oder andere Varianten geht.

ABC-Spiel

Hersteller: Ravensburger

Alter: ab ca. 4 Jahren

Beschreibung:

- Viele Puzzle-Paare. Auf einem Puzzleteil ist ein Gegenstand gezeigt, auf dem anderen Puzzleteil sein Anfangsbuchstaben im Alphabet. Finden und Zusammenstecken der richtigen Puzzlepaare.

Beurteilung:

Erstes Lernen von Buchstaben und die Zuordnung zu den passenden Gegenständen. Die Zuordnung wird erleichtert, weil auch die Formen ineinander passen müssen.

Vorschul-Wissensquiz

Hersteller: Noris-Spiele

Alter: ab ca. 3 Jahren

Beschreibung:

- Spielplan und -figuren, Farb- und Augenwürfel, farbige Frage- und Antwortkarten. Ein Quiz- und Lernspiel mit Fragen aus den Bereichen Formen, Farben, Gegensätze, Kunterbuntes: Was gehört zusammen? Was gehört nicht dazu?
- Eine Frage aus einem der Bereiche wird vorgelesen. Den Bereich bestimmt der Würfel. Wenn das Kind die Frage richtig beantwortet hat, darf es mit seiner Spielfigur ein Feld weiterziehen.

Beurteilung:

Dieses Spiel kombiniert die Bereiche Erkennen, Vergleichen, Bestimmen und Beschreiben miteinander und fördert somit Konzentration, Denken und Sprache beim Kind. Die Altersgrenze von 3 Jahren liegt allerdings sehr niedrig.

Meine ersten Scrabble-Wörter

Hersteller: Spear-Spiele

Alter: ab ca. 3 Jahren

Beschreibung:

- Verschiedene Bildkarten mit jeweils fünf Reihen. Links von jeder Reihe ist ein Gegenstand abgebildet, der auf die Reihe mit den richtigen Buchstaben gelegt wird. Als Erleichterung zum richtigen Zuordnen der Buchstaben hat jede Reihe eine eigene Farbe, und die Einsteck-Schlitze für die Buchstaben haben eigene Formen. So erfolgt die Buchstaben-Zuordnung zusätzlich durch Farben und Formen.

Beurteilung:

Das Spiel bietet eine gute Kombination beim Lernen durch Beobachtung, Formen, Farben und Feinmotorik. Allerdings ist auch hier die Altersgrenze von 3 Jahren zu niedrig angesetzt.

Fragespiele sind beliebt bei Jung und Alt.

Trivial Pursuit: Kinder-Ausgabe

Hersteller: Parker

Alter: ab 6 Jahren

Beschreibung:

- Spielfeld mit Spielfiguren und Fragekarten, entsprechend dem Erwachsenenspiel, jedoch mit leichteren Fragen.

Beurteilung:

Die Integration der Kinder bei einem „Spiel für Große“ bietet hier den Reiz. Das Spiel fördert neben der Sprachfähigkeit auch in hohem Maße das Allgemeinwissen.

Fantomimo

Hersteller: Haba

Alter: ab ca. 5 Jahren

Beschreibung:

- Je 28 Holztiere, Tierkarten und Holztaler.
- Jedes Kind bekommt mehrere Tierkarten, die Tierfiguren werden auf dem Tisch ausgelegt. Der Reihe nach schaut ein Kind eine seiner Tierkarten so an, dass die anderen die Abbildung nicht sehen können, und versucht dann, das abgebildete Tier mit Lauten und Mimik nachzumachen. Wer es errät, nimmt sich die passende Tierfigur, bekommt die Tierkarte und außerdem einen Belohnungstaler.

Beurteilung:

Da Pantomime und Erraten auf der Beliebtheitsskala von Kinderspielen weit oben rangieren, ist dieses Spiel meistens ein Renner. Zusätzlich ist es gut geeignet, um Ausdruck und Mund- und Lippenmuskulatur von Kindern auf spielerische Weise zu trainieren. Die Altersstufe ist allerdings recht hoch angesetzt, denn dieses Spiel ist durchaus auch schon mit kleineren Kindern durchführbar.

Kullerkäfer

Hersteller: Haba
Alter: ab ca. 2 1/2 Jahren

Beschreibung:

- Sechs kleine Gedichte in verschiedenen (!) Sprachen, drei Holz-Käfer, mehrere Blütenunterlagen mit jeweils zwölf Blüten darauf. Von diesen Blüten sind die Hälfte an der Unterlage zu befestigen, die andere Hälfte liegt lose darauf.
- Ein Erwachsener liest ein Gedicht vor, das Kind setzt einen Kullerkäfer im Silben- oder Wortrhythmus jeweils ein Feld weiter. Wenn das Gedicht zu Ende ist, darf das Kind ausprobieren, ob sein Kullerkäfer auf einem festen oder einem losen Blütenblatt gelandet ist.

Beurteilung:

Ein wunderbares Spiel, um schon kleine Kinder mit Satzrhythmus vertraut zu machen. Die unterschiedlichen Sprachen eignen sich darüber hinaus hervorragend für zwei- und mehrsprachig aufwachsende Kinder.

Piraten-Pitt

Abenteuer gibt es auch in manchem Brettspiel zu bestehen.

Hersteller: Haba
Alter: ab 6 Jahren

Beschreibung:

- Spielbrett, Matrosen-Spielfiguren + Piraten-Pitt, Würfel, Schätze und Schatztruhen.
- Jedes Kind bekommt eine Matrosen-Figur. Der Reihe nach wird gewürfelt, auf dem Spielplan um die entsprechende Augenzahl gezogen und auf den Feldern die Schätze eingesammelt und in die eigene Schatztruhe gelegt. Zeigt der Würfel jedoch den Piraten-Pitt an, so schlüpft das Kind, das gewürfelt hat, in die Rolle des Piraten und heimst durch ein Frage-Antwort-Ritual die Schätze eines anderen Mitspielers ein.

Beurteilung:
Die Kinder schlüpfen immer wieder in die Rollen von Matrosen oder von Piraten-Pitt. Durch diesen Rollentausch wird vor allem die Sprachfantasie angeregt und mittels abenteuerlicher Figuren und Handlungen der Wortschatz erweitert.

Detektiv Spürnase

Hersteller: Haba
Alter: ab ca. 4 Jahren

Beschreibung:
- Knetmasse und verschiedene Gegenstände und Figuren aus Holz.
- Der Reihe nach nimmt ein Kind eines der Holz-Gegenstände oder -Figuren. Die anderen Kinder drehen sich um, so dass sie nicht sehen, was vom Tisch genommen wird. Nun drückt das Kind den ganzen Gegenstand oder nur eine Ecke davon in die Knetmasse, die anderen Kinder dürfen sich wieder umdrehen und müssen anhand des Abdrucks erraten, welcher Gegenstand oder welches Teil eines Gegenstandes auf der Knetmasse für den Abdruck benutzt wurde.

Beurteilung:
Das Spiel schult die Beobachtungsgabe in Detail-Ausschnitten und bietet eine gelungene Kombination von Feinmotorik, Spannung und Kommunikation.

Zusätzliche, sprachfördernde Spielidee:
- Um einen Punkt zu bekommen, muss das Kind, das erkannt hat, welcher Gegenstand auf der Knetmasse eingedrückt ist, eine Kurzgeschichte erzählen, in der dieser und ein weiterer der Holzgegenstände auf dem Tisch vorkommen.

Buchtipps

Im Folgenden finden Sie einige der vielen Bücher genannt, die auf spielerische und kreative Weise Wortschatz und Sprachfähigkeit des Kindes unterstützen und fördern.

Sämtliche Bilderbücher, ob mit oder ohne kurze Texte und Bezeichnungen, eignen sich zum Kommunizieren mit dem Kind und erweitern seinen Wortschatz beim Zeigen und Erzählen. Das Auge lernt

mit, und auf diese Weise wird es Ihr Kind später wesentlich leichter haben, Buchstaben und Worte zu erlernen.

Schön, wenn Bücher von klein auf ein wichtiger Bestandteil des Kinderlebens sind.

Was siehst du in der Stadt? (auf dem Land? / in der Natur?)

Verlag: Pestalozzi
Autoren: Karel Boumans / Wolfgang Schleicher

Ein Schau- und Lernbuch für Kinder ab 4 Jahren mit sechs illustrierten Doppelseiten auf festem Karton. Auf der linken Seite sind verschiedene Gegenstände einzeln abgebildet und bezeichnet, die das Kind in der Szene auf der rechten Seite wiederfinden muss. Dadurch werden Konzentrationsfähigkeit, Beobachtungsgabe und Sprachfertigkeit geschult.

Ali Mitgutsch-Bücher

Verlag: Ravensburger
Autor: Ali Mitgutsch

Ali Mitgutsch hat viele wunderbare Bildbände auf festem Karton herausgebracht, von denen jedes einzelne ein bestimmtes Thema behandelt: „Auf dem Lande“, „In der Natur“, „Komm mit ans Wasser“,

„Hier in den Bergen“ und noch viele mehr. Gemeinsam haben alle diese Bücher, dass jedes Doppelblatt eine kunterbunte Szene zeigt, in der bei jedem Betrachten Neues entdeckt wird – nicht nur von Kindern. Diese Bücher sind hervorragend geeignet, um die Beobachtung zu schulen und beim Aufzeigen all der lustigen Bilder und Situationen Sprache einzusetzen.

SpielBildBücher: Stark, wild, kühn und frei
Hokuspokus Zauberberg
Verlag: Ökotopia
Autor/in: Heike Baum / Hajo Bücken
Diese Bücher verbinden bunte, ansprechende Bilder mit einer Reihe von Spielideen, die die Wahrnehmungs- und Kommunikationsfähigkeit der Kinder gezielt fördern. Im Set enthalten ist ein DIN A2 großes Bild mit einer Menge lustiger Details und einem Begleitheft mit vielen Spielideen auf 32 Seiten, die meist ohne weiteres Material durchgeführt werden können. Dabei geht es darum, Szenen im Bild zu beschreiben, einzelne Dinge, Menschen, Farben, Formen sowie Zahlen und Buchstaben im Bild zu finden, Gefühle darzustellen und vieles mehr.

Empfehlenswert ist das Piraten-SpielBildBuch für kleinere Kinder ab 2 Jahren und das wesentlich komplexere Hexen-SpielBildBuch für Kinder ab 4 Jahren.

Ria Kröber

Entspannung und Ruhe

Kinder müssen auch zur Ruhe kommen. Meist besitzen sie noch natürlicherweise diese wichtige Fähigkeit; doch manchmal müssen Erwachsene eine Hilfestellung geben. Lieder, Spiele und kreative Tätigkeiten schaffen Inseln der Ruhe.

Entspannung im Alltag

Man muss keineswegs Besonderes leisten, um Kindern entspannende und ruhige Momente zu bieten.

Entspannung hat keineswegs zwangsläufig etwas mit körperlicher Ruhe zu tun. Auch in verschiedenen Bewegungen und Tätigkeiten, beim Laufen, Gehen, Radfahren, Rollerskaten oder beim Malen, Musizieren u. Ä. können nicht nur Erwachsene zur Ruhe kommen, sondern auch Kinder.

Natürlich sind spezielle Entspannungsmethoden immer hilfreich. Doch es gibt auch einfache und alltägliche Möglichkeiten, für Kinder Entspannungsgelegenheiten zu schaffen:

- Geschichten (vor-)lesen, Geschichten hören
- ruhige Musik hören
- gedämpftes Licht oder Kerzenschein
- unter einer Lichterkette liegen
- auf einem Trampolin springen
- Atmosphäre schaffen, denn Kinder sind Ästheten!

Das abendliche Gespräch

Kindern geht es nicht anders als Erwachsenen, wenn sie abends nicht einschlafen können. Auch ihnen ist der Kopf noch voll von tagsüber Erlebtem und Aufgenommenem. Vielleicht plagen sie auch noch Ängste oder Sorgen. Hier hilft das Reden, das Gespräch. Lassen Sie mit Ihrem Kind noch einmal in Worten den Tag Revue passieren; dabei kann das Kind Schönes wie Aufwühlendes mitteilen. Sie können auch von Ihren eigenen Tageserlebnissen berichten und Ihr Kind dadurch animieren, seine Sicht mitzuteilen. Das gilt auch für das Gespräch über Sorgen und Ängste. Oft hilft es dem Kind, wenn die Eltern von sich selbst reden, von den eigenen Sorgen in ihrer Kindheit und die eigenen Fragen über die Welt.

Vom Kuscheltier

Welches Kind hat kein Kuscheltier, keinen Lieblings-Teddy oder Hasi oder Tinti? Manchmal sind es auch mehrere, die zu verschiedenen Zeiten und in unterschiedlichen emotionalen Situationen ihre Dienste tun für das Kind. Diese so genannten „Übergangsobjekte“ sind gerade beim Einschlafen sehr wichtig für Kinder. Sie helfen und beschützen das Kind

beim Wechsel von einer „Welt“ in die andere. Sie sind Vertraute, denen Freuden, Sorgen, Ängste, Ärger, Kummer und anderes mitgeteilt werden. Sie spenden Trost, gehen nie von sich aus weg und wärmen und begleiten das Kind in seinen Schlaf. Über Stofftiere und deren Eigenschaften haben Kinder auch einen spielerischen Zugang zu ihren Gefühlen und deren Verarbeitung. Dies können Eltern nutzen, um in schwierigen Situationen mit dem Kind zu kommunizieren.

Kleine Anregung:
Wenn Ihr Kind einmal gar nicht zugänglich für beruhigende Worte, ein Gute-Nacht-Lied, eine Gute-Nacht-Geschichte o. Ä. ist, wenden Sie sich an seine Puppe oder sein Kuscheltier. Erzählen Sie diesem eine kleine Geschichte zum Einschlafen oder singen Sie ein Trostlied. Greifen Sie dabei in Geschichtsform das Befinden Ihres Kindes auf und die möglichen Ursachen (wie z. B. das Weiterfeiern der Erwachsenen im Wohnzimmer). Damit verschaffen Sie sich nicht nur Zugang zu Ihrem Kind, sondern geben ihm auch die Möglichkeit, auf spielerische Art seinen Unmut verstanden zu wissen und ihn über die Identifikation mit dem Kuscheltier loszulassen.

Einfache Spielideen zum Entspannen und Ruhig-Werden

Bevor Sie selber kreativ werden und vielleicht sogar gemeinsam mit Ihrem Kind und anderen Kindern eigene Entspannungsspiele erfinden, sollen Ihnen die folgenden Spielideen und selbst gebauten Spielsachen einige Impulse und Anregungen geben.

„Pizzateig"

- Das Kind legt sich mit nacktem Oberkörper bäuchlings auf eine warme Decke auf den Boden. Sie knien bequem daneben.
- Wenn Ihre Hände kalt sind, reiben Sie die Handflächen mehrmals kräftig aneinander, so dass sie Energie aufladen und eine bessere Durchblutung haben.
- Backen Sie nun eine reich belegte Pizza auf dem Rücken des Kindes. Dies geschieht folgendermaßen: Sie beschreiben mit Worten die einzelnen Arbeitsgänge, die für eine leckere Pizza nötig sind, und lassen dabei Ihre Hände die Arbeitsgänge ausführen. Im Folgenden finden Sie eine Möglichkeit des Pizza-Backens, die von Ihnen aber nach Belieben gekürzt, ergänzt und ausgeschmückt werden kann. Das Angenehme und Lustige dabei sind die vielfältigen Berührungen auf dem Kinderrücken: streichelnd, streichend, klopfend, knetend, wärmend usw.

Gesprochener „Arbeitsgang"

Entsprechende Handbewegung

1 Pizzateig wird geknetet.

1 Rücken angenehm kneten.

2 Arbeitsfläche wird mit Mehl bestäubt.

2 Fingerkuppen beklopfen den Rücken leicht.

3 Teig wird ausgerollt.

3 Parallele Rollbewegungen mit den Händen.

4 Teig wird belegt.

4 Handflächen abwechselnd auf dem Rücken.

5 Teig wird auf ein Backblech gelegt und in den Ofen geschoben.

5 Die Handrücken streichen über den Rücken von oben nach unten.

6 Pizza wird gebacken.

6 Eigenen Oberkörper auf den Rücken legen.

7 Pizza wird herausgenommen.

7 Wie Bewegung 5, nur umgekehrt.

8 Pizza wird gegessen.

8 Mit Mittel- und Zeigefinger und Daumen sanft die Rückenhaut zupfen.

9 Backblech wird gesäubert.

9 Rücken mehrmals ausstreichen.

Traumkissen basteln

Tücher und Kissen stimmen zur Ruhe ein.

Material: Stofftasche, Stofffarben, Stoffreste oder Schaumgummi, Nähzeug

Anleitung:

- Nehmen Sie eine einfarbige Stofftasche, und lassen Sie diese von Ihrem Kind mit seinem eigenen Traummotiv (z. B. Sternenhimmel, Blumenwiese) oder einfach bunt bemalen.
- Anschließend füllt das Kind die Tasche mit weichem Material. Sie nähen sie dann unterhalb der Tragegurte zu, und schon ist das Traumkissen fertig
- Zu jeder Stille- und Ruheübung oder zum Erzählen holt das Kind sein Traumkissen hervor, legt seinen Kopf darauf und stimmt sich schon auf die Situation ein.

Tücher-Tanz

Material: bunte Seidentücher, meditative Musik

Anleitung:

- Die Kinder bekommen jeweils ein Tuch in die Hand und bewegen sich zur Musik im Zimmer. Zuerst ist Toben angesagt, z. B. vom Sofa springen und dabei das Tuch schwingen oder andere großmotorische Bewegungen, die im Raum möglich sind.
- Mit der Zeit werden die Bewegungen im Einklang mit der Musik ruhiger und sanfter, bis die Tücher wie ruhig dahinziehende Wolken über den Köpfen geschwungen werden. Die Kinder können sich auch gegenseitig mit sanften Bewegungen zur Musik die Tücher über den Körper streichen.
- Sie können den Tücher-Tanz auch mit einer gesprochenen Geschichte begleiten, passend zum Toben und anschließenden Ruhig-Werden. Das Bild eines Gewitters eignet sich hierfür gut.

Kerzen-Tanz

Kerzen verbreiten immer eine stimmungsvolle, sanfte Atmosphäre.

Material: Kerze

Anleitung:

- Der Raum ist abgedunkelt. Jedes Kind bekommt eine brennende Kerze in die Hand. Die Kinder stellen sich im Kreis auf. Besonders geeignet sind rote Grablichter, da diese vor Luftzug geschützt sind und beim Tragen nicht zu heiß werden.
- Nun darf jedes Kind der Reihe nach einzeln in Spiralform in die Mitte schreiten. Dort stellt es seine Kerze auf ein vorher abgestelltes, großes Tablett (oder eine andere schöne Unterlage) und setzt sich anschließend auf den Boden.
- Am Ende stehen alle brennenden Kerzen in der Mitte und die Kinder sitzen drum herum. Jetzt können Sie gemeinsam ein Lied singen, ein Spiel spielen oder eine Geschichte erzählen.

Spiele und Spielsachen, die zur Ruhe führen

Ein ruhiges Spiel zur Abendzeit ist eine schöne Einstimmung auf die Nacht. Es gibt hierzu eine breite Auswahl. Und natürlich muss zur Abendzeit auch die Atmosphäre stimmen – so haben z. B. Spieluhren eine äußerst beruhigende Wirkung auf Babys und Kleinkinder. Die Auswahl ist riesig – ausschlaggebend sind Ihr Geschmack und natürlich Ihr Geldbeutel.

Aquarium

Eine Spieluhr fasziniert jedes Baby.

Hersteller: Fisher-Price

Alter: ab ca. 4 Monaten

Beschreibung:

- Batteriebetriebene Spieluhr mit Tönen, Musik und Licht. In dem Gehäuse befindet sich eine Kugel mit Fischen. Wird die Kugel eingeschaltet, bewegen sich die Fische rundherum und reflektieren das Licht an der Zimmerdecke. Gleichzeitig werden wahlweise kurze Kinderlieder oder Meeresgeräusche abgespielt.

Beurteilung:
Eine Spieluhr der Extraklasse, da sie nicht nur verschiedene Melodien abspielen kann, sondern auch Meeresgeräusche wählbar sind, die eine besonders beruhigende Wirkung haben. Der zusätzliche Lichteffekt durch die reflektierenden Fische fasziniert und erfreut wohl jedes Baby.

Musik-Krabbel-Rolle
Hersteller: Bruin (Toys'r'Us)
Alter: ca. 6–24 oder bis 36 Monate, je nach Ausführung
Beschreibung:
- Aufblasbare, bunte Plastikrolle, mit durchsichtigen Seitenteilen. Innen einige Glöckchen, die beim Rollen klingen.
- Das Kind legt sich mit dem Bauch auf die Rolle und rollt sie durch die eigenen Körperbewegungen vorwärts.

Beurteilung:
Gut geeignet für die Motorik und Bewegungsschulung des Kindes. Zur Abendzeit gut einsetzbar, wenn der Bewegungsdrang des Kindes noch recht groß ist, aber Toben eine „aufputschende" Wirkung hätte. Die rollende Schaukelbewegung mit gleichzeitigem Glöckchengebimmel hat eine beruhigende Wirkung auf das Kind.

Sternenhimmel
Hersteller: Ravensburger
Alter: ab ca. 3 Jahren
Beschreibung:
- 3-D-Spielfläche zum Aufklappen, eine Spielfigur (Kind im Sternen-Schlafanzug mit Schmuse-Lämmchen im Arm), 17 fluoreszierende Sterne, Farb- und Symbolwürfel
- Geschichte: Paul und Lämmchen (= Spielfigur) sind Tag und Nacht dicke Freunde. Heute Nacht jedoch müssen sie erst einmal alle heruntergefallenen Sterne wieder an den Himmel hängen, bevor sie sich beruhigt schlafen legen können. Mehrere Kinder können der Reihe nach würfeln und die Spielfigur immer auf das entsprechende Farbfeld

auf der Spielfläche setzen. Erscheint auf dem Würfel das Sternensymbol, kann das Kind, das gewürfelt hat, die Sternenleiter hochklettern und einen der Sterne an seinen richtigen Platz am Himmel hängen. So lange, bis alle Sterne wieder hängen. Wenn danach das Licht ausgemacht wird, leuchten die Sterne noch im Dunkeln nach.

Beurteilung:
Ansprechendes Spielfeld und kindgemäße Spielfigur; ein schönes Abendspiel zur Vorbereitung auf die Nacht.

Zusätzliche Spielideen:

- Beim Wandern der Spielfigur erzählt jeweils das Kind, das gewürfelt hat, eine kleine Geschichte dazu, wohin Paul mit Lämmchen geht, was er dort gerade erlebt oder erlebt hat usw.
- Jedes Mal, wenn ein Kind einen Stern an den Himmel zurückhängt, spricht es einen Wunsch aus – was es sich selber wünscht oder für seine Eltern oder Geschwister, für andere Kinder auf der Welt usw. Das Gefühl von Zugehörigkeit und Gemeinschaft wird dem Kind dadurch bewusst und begleitet es auf diese Weise in die Nacht und in seine Träume.

Lalelu

Hersteller: Haba
Alter: ab ca. 2 1/2 Jahren

Beschreibung:

- Buntes Papphaus zum Aufstellen, ein Mond und ein Stern zum Befestigen am Dach, zwei Schafe als Spielfiguren, ein Würfel mit den Zahlen 1 + 2.
- Dieses Spiel wird zu zweit gespielt. Wenn das Spielhaus aufgestellt ist, hängt ein Kind entweder Mond oder Stern an seiner Dachseite auf, die das andere Kind (oder der/die Erwachsene) nicht einsehen kann. Der Spielpartner rät jetzt, welches Symbol aufgehängt wurde. Rät er richtig, darf er würfeln und um die angegebene Punktzahl die Himmelsleiter mit dem Schäfchen hochklettern. Dann ist das andere Kind an der Reihe. Ziel ist, dass beide Schäfchen oben ankommen.

Beurteilung:

Einfaches, ansprechendes Spiel schon für ganz kleine Kinder. Eine nette Möglichkeit des Miteinanders von Mutter/Vater und Kind vor dem Schlafengehen.

Zusätzliche Spielidee:

- Wenn das Schäfchen des Kindes oben angekommen ist, darf es sich ein kleines Schlaflied oder ein Gute-Nacht-Gedicht oder eine kleine Gute-Nacht-Geschichte von den Eltern wünschen. So bekommt das Erreichen des Nachthimmels einen zusätzlichen Reiz, und Sie können das Spiel mit dem allabendlichen Schlafritual verbinden.

Das abendliche Spiel kann fester Bestandteil des Einschlafrituals werden.

Gute Nacht

Hersteller: Haba
Alter: ab ca. 2 1/2 Jahren

Beschreibung:

- Spielfeld mit fünf verschiedenen Häusern, in denen immer ein Kind eine andere Zu-Bett-Geh-Tätigkeit ausführt (z. B. Zähne putzen, zur Toilette gehen usw.). Je ein passendes Puzzleteil zu jedem Haus mit derselben Tätigkeit. Eine Wichtelfigur mit fluoreszierendem Stern, fünf fluoreszierende Monde in einem Stoffsäckchen, ein Farb-Symbolwürfel.

- Ein Kind würfelt und legt zu der erscheinenden Farbe das passende farbige Puzzleteil auf das entsprechende Farb-Haus. Dabei achtet es darauf, dass auf dem Puzzleteil dieselbe Tätigkeit abgebildet ist, die auch das Kind in dem Farb-Haus ausführt. Als Belohnung darf ein Mond aus dem Säckchen genommen und über das so besetzte Haus gehängt werden.

Beurteilung:
Dieses Zuordnungspuzzle ist schon mit ganz kleinen Kindern spielbar. Die Regeln können bei älteren Kindern verändert werden, so dass ein kooperatives Zuordnungsspiel entsteht oder ein Farbwürfelspiel mit verteilten Rollen.

Durch seine verschiedenen Spielmöglichkeiten ist es gut geeignet für eine größere Altersspanne. Ebenso spielbar für farbenblinde Kinder, da die Farben auf dem Würfel bestimmten Symbolen zugeordnet sind (Dreieck, Kreis, Rechteck usw.).

Zusätzliche Spielidee:
- Sprechen Sie mit Ihrem Kind über die abgebildeten, abendlichen Tätigkeiten. Vielleicht überlegen Sie auch gemeinsam, was wohl Kinder in anderen Ländern machen, bevor sie ins Bett gehen. Und wo sie wohl schlafen, ob in Betten, auf Strohmatratzen, in Hängematten oder vielleicht sogar auf einer der Nachtwolken?

Buchtipps

Es gibt gute Bücher zum Entspannen und Ruhig-Werden, mit Märchen- und Fantasiegeschichten, Anleitungen zum autogenen Training mit Kindern u. Ä. Beispielhaft werden im Folgenden zwei Bücher vorgestellt.

Schlaf gut, mein liebes Kind

– die schönsten Einschlafspiele, Lieder, Geschichten und Gedichte
Verlag: Cormoran
Autor/in: Barbara Cratzius / Michael Schober
In diesem Buch sind nicht nur die häufigsten Schlaflieder sowie schöne Gedichte rund um die Nacht und den Schlaf aufgeführt, sondern auch weniger Bekanntes wie Entspannungsgeschichten, Tiergeschichten u. a. Ein Buch mit vielen schönen und einfach auszuführenden Ideen für die Abendzeit.

Träumen auf der Mondschaukel

Verlag: Kösel
Autorin: Else Müller

Das Buch bietet eine Einführung in das autogene Training sowie Vorlesegeschichten für kleinere und ältere Kinder. Danach folgen viele verschiedene Märchen und Gute-Nacht-Geschichten, allesamt kindgerecht kurz gehalten und mit gut gekennzeichneten Übungen des autogenen Trainings und der Entspannung für Kinder. Es ist empfehlenswert, diese Art des Vorlesens über einen längeren Zeitraum auszuprobieren.

CDs und Kassetten

Es gibt eine Vielfalt von Kassetten und CDs mit schönen Kinderliedern – traditionellen wie auch originellen neuen Liedern. Bekannte Interpreten sind Detlev Jöcker, Wolfgang Hering, Rolf Zuckowski und seine Freunde, Frederick Vahle und Klaus W. Hoffmann. Von ihnen finden Sie wunderbare Lieder zum Träumen, Tanzen, Bewegen, Singen und Toben.

Kassetten mit Geschichten und Hörspielen sowie Liedern lieben alle Kinder.

Als Beispiele seien folgende CDs und Liedersammlungen genannt.

Komm, du kleiner Racker

Hersteller: Menschenkinder-Verlag
Musik: Detlev Jöcker

Neue Fingerspiel-, Kniereiter-, Gute-Nacht-, Lern-, Spiel- und Spaßlieder und Texte für die Kleinsten und für Kindergartenkinder.

Kinderträumeland

Hersteller: Menschenkinder-Verlag
Musik: Detlev Jöcker

Babys erste Musik zum Spielen, Einschlafen und Träumen. CD mit sanfter Instrumentalmusik alter und neuer Schlaf- und Wiegenlieder. Begleitheft mit Liedern, Anregungen und Tipps für den praktischen Umgang mit der Musik.

Warum muss ich jetzt ins Bett?

Hersteller: Europa-Verlag
Musik: Unser Sandmännchen

Kurze Hörspiele und fröhliche Lieder beantworten verschiedene Kinderfragen. (Nicht nur Fragen übers Schlafen und Träumen.)

10 kleine Zappelmänner
Hersteller: Karussell-Verlag
Musik: Detlev Jöcker
16 traditionelle und neue Kinderlieder und Reime.

Teletubbies-CD
Hersteller: Ravensburger
Lieder, Reime und Gute-Nacht-Geschichten von und mit den Teletubbies.

Lieder und Geschichten auf Tonträgern sind kein Ersatz für das direkte Erzählen und sollten nur als Ergänzung eingesetzt werden. Die beruhigendste Wirkung hat noch immer die Anwesenheit und Fürsorge eines liebenden Menschen.

Beachten Sie beim Kauf von CDs und Kassetten immer das Alter Ihres Kindes. Hier eine grobe Einteilung, die Ihnen die grundsätzliche Auswahl erleichtern soll:

- ca. 1 bis 2 Jahre: vorwiegend Liederkassetten; zwischendurch kurze und einfach gesprochene Texte
- ca. 2 bis 4 Jahre: Liederkassette; mehr Text möglich
- ca. 4 bis 6 Jahre: Hörspiel möglich

Schlaflieder, Fingerspiele, Mandalas

Auch Schlaf- und Wiegenlieder gibt es auf Tonträgern – auch mit ganz neuen Texten. Dennoch bleibt das Vorsingen der alten, aus der eigenen Kinderzeit bekannten Schlaflieder ein wichtiges und schönes Ritual für Kind und Eltern.

Frischen Sie mit den folgenden Texten eigene Kindheitserlebnisse auf und verbringen Sie mit Ihrem Kind „be-sinn-liche“ Minuten vor dem Schlafengehen. Die vertraute Stimme, der gleichmäßige Rhythmus – beim Vorsingen finden die meisten Kinder zur Ruhe.

Guten Abend, gute Nacht

1. Guten Abend, gute Nacht,
   mit Rosen bedacht.
   Mit Nelklein besteckt,
   schlupf unter die Deck.
   Morgen früh, wenn Gott will,
   wirst du wieder geweckt.
   Morgen früh, wenn Gott will,
   wirst du wieder geweckt.

2. Guten Abend, gute Nacht,
   von Englein bewacht.
   Die zeigen im Traum
   dir Christkindleins Baum.
   Schlaf nun selig und süß,
   schau im Traum 's Paradies.
   Schlaf nun selig und süß,
   schau im Traum 's Paradies.

La-li-lu

1. (Singen) La-li-lu,
   nur der Mann im Mond schaut zu,
   wenn die kleinen Kinder schlafen,
   drum schlaf auch du.

2. (Singen) La-li-lu,
   vor dem Bett, da stehn zwei Schuh,
   und die sind genauso müde,
   gehn jetzt auch zur Ruh.

3. (Flüstern) Und da kommt der Sandmann
   ganz leis in unser Haus
   und sucht für … (Name) …
   den schönsten Traum heraus.

4. (Singen) La-li-lu,
   nur der Mann im Mond schaut zu,
   wenn die kleinen Kinder schlafen,
   drum schlaf auch du.

Fingerspiele zur Schlafenszeit

Fingerspiele zu Schlafliedern und Gute-Nacht-Gedichten sind zu einem allseits beliebten Spiel am Kinderbett geworden. Nicht zuletzt deshalb, weil Fingerspiele häufig mit körperlichen Berührungen wie Kitzeln, Streicheln, Krabbeln zu tun haben.

Die folgenden Anregungen für Fingerspiele zur Schlafenszeit stammen aus dem Buch „Ich bin der kleine Zappelmann" von Detlev Jöcker.

Sehr müde ist die Krabbelschneck'

Während Sie den Text singen oder aufsagen, begleiten Sie Ihre Worte mit einer „Krabbelschneck" auf dem Körper des Kindes. Diese bilden Sie, indem Sie eine Hand wölben und mit den Fingern immer über die Körperstellen krabbeln, die im Text genannt werden. Wenn es in der vierten Strophe heißt: „Sie schläft in deinem Öhrchen ein", legen Sie einen Finger ganz vorsichtig an die Ohrmuschel des Kindes. In das andere Ohr können Sie eine schöne Melodie summen. Viel Spaß!

1. Sehr müde ist die Krabbelschneck'
   sie sucht ihr Schneckenhaus.
   Sie kriecht an deinen Beinchen hoch
   und will noch weit hinaus.
   Und als sie deinen Bauch erreicht,
   da fängst du an zu lachen.
   Die liebe, kleine Krabbelschneck',
   was macht die nur für Sachen.

2. Sehr müde ist die Krabbelschneck',
   sie sucht ihr Schneckenhaus.
   Sie kriecht an deinem Hälschen hoch
   und will noch weit hinaus.
   Und als sie deine Nas' erreicht,
   da fängst du an zu lachen.

Die liebe, kleine Krabbelschneck',
was macht die nur für Sachen.

3. Sehr müde ist die Krabbelschneck',
sie sucht ihr Schneckenhaus.
Sie kriecht an deinem Köpfchen hoch
und will noch weit hinaus.
Und als sie dann dein Ohr erreicht,
da fängst du an zu lachen.
Die liebe, kleine Krabbelschneck',
was macht die nur für Sachen.

4. Jetzt sucht die kleine Krabbelschneck'
nicht mehr ihr Schneckenhaus.
Sie schläft in deinem Öhrchen ein
und will nicht mehr hinaus.
Und wenn du selber friedlich schläfst,
dann singt das Schneckchen leise
dir in dein kleines Krabbelohr
die allerschönste Weise.

Die Fledermäuse

Text

1 10 kleine Fledermäuse fliegen auf und ab.
2 10 kleine Fledermäuse machen niemals schlapp.
3 10 kleine Fledermäuse fliegen kreuz und quer.
4 10 kleine Fledermäuse sehen gar nichts mehr.
5 10 kleine Fledermäuse machen sich ganz klein.
6 10 kleine Fledermäuse schlafen leise ein.

Fingerspiel

1 Die Finger spreizen und wellenförmig bewegen.
2 Die Hände schnell hin und her bewegen.
3 Die Arme kreuzen.
4 Mit den Händen die Augen zuhalten.
5 Die Hände ballen, sie sich auf den Kopf legen und dann ein wenig ducken.
6 Den Kopf auf die Hände legen.

Kinder malen gerne. Mandalas bieten einen besonderen Anreiz und helfen dem Kind, sich zu zentrieren.

Mandalas

Diese erst in letzter Zeit auch für Kinder beliebt gewordene Form des Ausmalens oder Legens bezieht ihre beruhigende und entspannende Wirkung in erster Linie aus den für Mandalas üblichen Formen und Anordnungen. Es gibt inzwischen ganze Bücher über Hintergrund, Bedeutung und Umgang mit Mandalas; daher sollen hier nur die Grundzüge kurz beschrieben werden.

Das Wort „Mandala“ stammt aus der alten, indischen Sanskrit-Sprache und bedeutet „Zentrum“ oder „(Zauber-)Kreis“. Fertige Mandalas haben immer ein Zentrum, um das kreisförmig Figuren, Darstellungen, Muster angeordnet sind. In der Beschäftigung mit Mandalas begibt man sich immer auf eine Art Reise, entweder von außen nach innen oder von innen nach außen.

Das Besondere und Entspannende für Kinder sind die kreisenden Bewegungen, die ihre Hände beim Ausmalen der Rundungen in Mandalas vollführen. Gleichzeitig bieten die zumeist sehr offenen Formen, die Mandalas kennzeichnen, den Kindern wesentlich mehr Freiheiten in ihrer Vorstellung, was diese darstellen und ausdrücken könnten, als dies beispielsweise bei Ausmalbüchern von Tieren, Gebäuden und anderem der Fall ist. Diesen Formen eine eigene Farbkombination zu geben, ermöglicht Kindern einen individuellen Ausdruck ihres gegenwärtigen Gefühlszustandes.

Auch die gleichmäßige Anordnung der Muster um einen Mittelpunkt wirkt beruhigend und zentrierend auf Kinder.

Bei aller psychologischen und therapeutischen Wirkung von Mandalas ist aber auch ganz wichtig, dass es Kindern einfach Freude und Spaß bereitet, Mandalas zu malen, zu legen und sich anderweitig auf eine Mandala-Reise zu begeben. Eine unterstützende Wirkung hat auch hier meditative oder ruhige Musik.

Sehr reizvoll sind auch Natur-Mandalas, die Erwachsene gemeinsam mit Kindern bei Waldspaziergängen legen können. Oder Sie nehmen Naturgegenstände in einem Beutel mit nach Hause und legen dort bei Kerzenschein und ruhiger Musik ein gemeinsames Mandala. Probieren Sie es einfach einmal aus!

Jürgen Jendrich / Brigitte Martin

Kritzeln und Kleckern

Beim Malen und Basteln kann sich die Kreativität des Kindes in besonderer Weise entfalten. Eine Vielzahl geeigneter Materialien ermöglicht die Umsetzung immer neuer Ideen und schenkt tolle Erfolgserlebnisse.

Entwicklung und Funktion des Malens

Jedes Kind durchläuft in seiner Malentwicklung bestimmte Phasen.

Die Kreativität eines Kindes ist wesentlich von seiner Wahrnehmung abhängig. Je vielfältigere Eindrücke ein Kind in den ersten Lebensjahren hat, umso besser kann sich seine Kreativität entwickeln. Wichtig dabei ist, dass bei diesen Erfahrungen mehrere Sinne gleichzeitig angesprochen werden. Auf der Basis dieser Erfahrungen wird das Kind bald zum Stift greifen und versuchen, erste Spuren auf dem Papier zu hinterlassen. Die Entwicklung des Zeichnens vollzieht sich dann in verschiedenen Stufen vom Kritzeln über das sinnunterlegte Kritzeln und die Kopffüßler bis hin zu Situationsbildern und schließlich Standlinienbildern. Auch bei diesem stufenweisen Prozess hängen wiederum die kindliche Wahrnehmung, die körperliche Entwicklung (z. B. die Ausbildung der Muskeln) und das Erreichen einer neuen Entwicklungsstufe eng zusammen.

Doch nicht jedes Kind durchläuft jede Entwicklungsstufe; außerdem unterscheiden sich auch Zeitpunkt und Dauer der jeweiligen Phase. Ein Kind, das seine Motorik in anderen Bereichen (z. B. beim Bauen) geübt hat, kommt möglicherweise schneller voran. Ein anderes ist in einer weiteren Stufe mit einem Thema so stark beschäftigt, dass es immer wieder die gleiche Situation darstellt. Daher ist es wichtig, jeder Phase ihre Beachtung zu schenken und dem inneren Tempo des Kindes seine Zeit zu lassen.

Ähnlich verhält es sich bei Kindern im Umgang mit Farben. Die Entwicklung des Malens und der gezielte Einsatz von Farben erfolgen in der Regel zeitlich versetzt zum Zeichnen. So kann es sein, dass Kinder, die bereits sehr deutlich malen, vor allem mit flüssigen Farben schmieren und klecksen. Ihre Freude und Hingabe steht ihnen dabei meist ins Gesicht geschrieben. Auch hier orientiert sich das Kind nicht an der Realität, sondern verwendet die Farben (wie auch die Proportionen) als Ausdrucksmittel inneren Erlebens. So werden durch das Malen die Empfindsamkeit und die Genussfähigkeit des Kindes gestärkt.

Malen als Prozess

Malen, wie die meisten Erwachsenen es verstehen, bezieht sich darauf, wie gut jemand die Technik beherrscht, die Realität möglichst naturgetreu abzubilden. Technik ist erlernbar, in Malkursen und durch viel, viel Üben.

Malen wird auch von vielen Menschen im Zusammenhang mit Beurteilung erlebt. Wir sagen: „Schön hast du gemalt“; Bilder werden in der Schule oft nach undurchsichtigen Kriterien benotet und in der Kunst entsprechen Kritiker-Beurteilungen auch nicht immer unserem Empfinden für Schönheit und Ästhetik.

Nicht auf das Produkt, also das fertige Bild, kommt es beim Malen an, sondern auf den Entstehungsprozess als Ausdruck inneren Erlebens.

Diese Beispiele beziehen sich ausschließlich auf das Produkt Bild. Da wir jedoch durch dieses Verständnis geprägt sind, wird klar, warum es eher ungewöhnlich ist, Malen als Prozess zu sehen.

Beim Malen mit Wasserfarben ist oft zu beobachten, wie Kinder ihr Bild immer wieder übermalen. Wir reagieren vielleicht überrascht oder gar entsetzt, aber das Kind ist mit seinem Bild nicht zufrieden, malt weiter und sucht so nach neuen Möglichkeiten, ein für sich stimmiges Bild zu gestalten.

Dies zeigt: Nicht das Endergebnis ist das Wichtigste, sondern der Entstehungsprozess. Deswegen sollten wir nicht nur Kindern gegenüber mit Kritik, aber auch mit Interpretationen sehr zurückhaltend sein.

Besser ist es, über ein Bild ins Gespräch zu kommen, indem man einzelne Aspekte beschreibt: „Die Farben, die du gewählt hast, gefallen mir“ oder „Da hast du dich aber angestrengt!“ oder „Diese Person macht aber ein trauriges Gesicht, erzählst du mir, warum sie so traurig ist?“

> Die kreative Entwicklung eines Kindes wird am besten gefördert, wenn die Eltern ihm viele alltägliche Erfahrungsräume eröffnen und ihm die Möglichkeit geben, seinen Eindrücken lustvoll Ausdruck zu verleihen.

Basteln und Gestalten

Das Basteln und freie Gestalten folgt denselben Prinzipien wie das Malen. Es gelten dabei dieselben Grundsätze:

Auch das Gestalten ist eine Form des Ausdrucks, wobei anfangs die Materialerfahrung noch stärker im Vordergrund steht.

- Gestalten entwickelt sich in Stufen. Die Feinmotorik entwickelt sich parallel zur Materialerfahrung.
- Beim Kneten gilt es zunächst, die Materialeigenschaften zu erfahren. Das Kind testet, wie es z. B. Knet zerteilen kann: Mit zwei Fingern werden kleine Stücke abgezupft, mit Schere oder Plastikmesser werden Stücke abgeschnitten. Später wird der Knet durch Klopfen, Hämmern und Drücken regelrecht bearbeitet. Darauf folgt das sinnunterlegte Gestalten: Die plattgeklopften Knetstücke werden zu Pizzen, Kuchen usw.
- Ähnlich ist es beim Umgang mit Papier und Klebstoff. Beim Schneiden werden aus einem Stück Papier „tausend" kleine Schnipfelchen. Papier wird zerrissen und zerknüllt. Beim Kleben, z. B. mit Kleister, entstehen so genannte Klebbilder, bei denen ausprobiert wird, wie sich Klebstoff verstreichen lässt, wie er sich anfühlt. Als Nächstes wird alles Mögliche aufgeklebt: Steine, Papierschnipsel, Wolle, Stoffstücke, um nur einige Dinge zu nennen. Eine weitere Entwicklungsstufe ist das Herstellen von Päckchen oder „Geschenken". Meist verwenden die Kinder dabei viel Klebstoff und falten ein oder mehrere Papiere zu einem möglichst kleinen Knäuel, also Päckchen, zusammen.
- Das sinnliche Erleben erfährt beim Gestalten eine hohe Qualität. Je vielfältiger diese Erfahrungen sind, umso differenzierter können sich Wahrnehmung und Ausdrucksmöglichkeiten entwickeln.
- Im gleichen Maße ist beim Gestalten wichtig, dass das Kind selbstständig Erfahrungen sammelt und durch Experimentieren zu eigenen Lösungen kommt.
- Und das Wichtigste: Beim Basteln und Gestalten hat das Kind Spaß an seinem Tun und motiviert sich dadurch immer wieder für neue Aufgaben.

Farben, Pinsel, Papiere

Wenn Sie ein Mal- oder Bastelgeschäft betreten, werden Sie feststellen, dass es eine riesige Auswahl an Farbarten (Wachsfarben, Holzfarben, Stofffarben, Keramikfarben …) und innerhalb der Farbarten wie-

derum verschiedene Ausführungen und Herstellervarianten gibt. Um die Auswahl zu erleichtern, gilt:

Für den Gebrauch zu Hause sind grundsätzlich Farben zu bevorzugen, die sich zum einen seit Jahren in Kindergarten und Schule bewährt haben und zum anderen den Kindern verschiedene Einsatzmöglichkeiten bieten.

Wachsmalkreiden

Wachsmalkreiden eignen sich vor allem für Kinder ab 18 Monaten bis ca. 4 Jahren. Die Stifte sollten so dick sein, dass sie nicht brechen. Empfehlenswert sind Wachsmalkreiden von Stockmar. Sie sind mit Bienenwachs hergestellt und ungiftig. Auch beim Malen mit wenig Kraftaufwand entsteht ein Malergebnis mit großer Leuchtkraft. Wachsmalfarben in Plastikhülsen sind vor allem für große Schulkinder geeignet.

Mit Wachsmalkreiden können schon kleine Kinder gut umgehen.

Relativ neu auf dem Markt sind wasservermalbare Wachskreiden. Das Gemalte wird mit einem nassen Pinsel übermalt. Dabei entstehen durch das Verlaufen der Farben Effekte vergleichbar mit einem Aquarell.

Ölkreiden

Ölkreiden haben eine weichere Konsistenz als Wachsmalfarben, jedoch eine wesentlich stärkere Leuchtkraft und Intensität. Deshalb sind sie auch für dunklen Untergrund geeignet. Leider verwischen sie leicht, vor allem bei längerem oder intensivem Malen, wenn die Farben durch die Körperwärme der Hand erwärmt werden. Größere Kinder (ab ca. 5 Jahren) können diese Eigenschaft bereits gezielt einsetzen und erreichen dadurch interessante Effekte, wie z. B. Farbübergänge und Farbmischungen. Aber auch kleinere Kinder haben große Freude beim Malen mit Ölkreiden.

Ölmalkreiden für Kinder sollten möglichst dick und stabil sein, da sie bei Erwärmung schnell brechen. Empfehlenswert sind Jaxon-Ölkreiden, die in den Stärken 11 mm, 18 mm und 32 mm erhältlich sind. Jaxon-Prismo, eine Variante der Ölkreide, die zum Bemalen von Fenstern gedacht ist, (kann mit Wasser und einem Spritzer Essigreiniger wieder entfernt werden), eignet sich auch zum Malen auf Papier und hat eine Stärke von 18 mm, gerade richtig für eine Kinderhand.

Pulverfarben: eine für alles

Pulverfarben sind vielseitig verwendbar.

Farben in Pulverform bringen viele Vorteile mit sich:

- Durch einfaches Anrühren mit Wasser ist die Farbe schnell einsatzfähig und zwar in der gewünschten Konsistenz.
- Bei einem Mischverhältnis von 1 Teil Wasser : 1 Teil Farbe entsteht eine flüssige Wasserfarbe. Bei einem Mischverhältnis von 1 Teil Wasser : 2 Teilen Farbe entsteht dickflüssige Plakatfarbe und bei einem Verhältnis von 1 Teil Wasser : 3 Teilen Farbe eine Fingerfarbe.
- In einem verschließbaren Behältnis (z. B. einem Joghurtglas mit Schraubdeckel) können die angerührten Farben einige Wochen aufbewahrt werden. Falls sie etwas eindicken, einfach wieder Wasser zugeben und aufrühren.
- Pulverfarben sind sehr preisgünstig und das Farbpulver ist – trocken gelagert – beinahe unbegrenzt haltbar. Die Farben sind intensiv und haben einen hohen Aufforderungscharakter. Pulverfarben sind auch anderweitig vielseitig einsetzbar. Sie eignen sich

z. B. gut zum Einfärben von Quarzsand (Vogelsand aus der Zoohandlung), für Sandbilder oder Sandlandschaften in Gläsern, zum Drucken mit Korken, Schwämmen u. Ä. sowie zur Herstellung von Straßenmalkreiden. Pulverfarben gibt es z. B. von Eberhard Faber.

Straßenmalkreide selbst gemacht

Material: eine Packung Modellgips (z. B. von Eberhard Faber), Pulverfarben, Klopapierrollen

Den Modellgips nach Gebrauchsanweisung mit Wasser anrühren. (Achtung: Nur unter Aufsicht von Erwachsenen, da sich der Gips u. U. stark erwärmt und nicht auf die Schleimhäute gelangen darf.) Farbpulver untermischen. Die gefärbte Gipsmasse in Klopapierrollen füllen und fest werden lassen. Am besten rühren Sie nur kleine Mengen an, da der Gips schnell fest wird. Vollständig durchtrocknen lassen und die Klopapierrolle entfernen. Fertig ist die Straßenmalkreide. Das ideale Geschenk für den Kindergeburtstag.

Holzstifte

Wer kennt ihn nicht, diesen Ärger: Holzstift gespitzt und schon wieder ist die Spitze ab. Das Problem: Die Mine ist im Holzmantel gebrochen. Gute Holzstifte zu kaufen, ist wirklich eine Wissenschaft für sich. Achten Sie deshalb beim Kauf auf folgende Punkte:

- Die Mine muss fest verklebt sein, damit sie sich im Inneren nicht lockert und beim Hinunterfallen nicht bricht.
- Die Mine sollte nicht zu hart sein, damit das Malergebnis ohne Mühe sichtbar wird. Sie darf aber auch nicht zu weich sein, da sich die Farben ansonsten sehr schnell abmalen.
- Ob die Stifte lackiert oder unlackiert sind, ist Einstellungssache. Die Lackierung der Stifte erfolgt heute auf Wasserbasis und ist ungiftig.
- Das Stiftende sollte holzversiegelt sein. Bei „Nagern“ empfiehlt sich ein unlackierter Stift, da der Lack ansonsten absplittert.
- Als Faustregel für die Bleistiftminenstärke gilt: je kleiner das Kind, desto dicker die Mine.
- Relativ neu sind Holzstifte in Dreiecksform; sie liegen gut in der Hand und sind für Kinderhände besonders gut geeignet.

Fingerfarben regen zum Experimentieren an und ermöglichen ganzheitliche Sinneserfahrungen.

Fingerfarben

Fingerfarben sind bei 2- bis 4-Jährigen sehr beliebt. Durch ihre pastose Konsistenz ist es für die Kinder ein ganzheitliches Erlebnis, die Farbe zu spüren und mit allen Sinnen zu malen. Die Farben regen zum Experimentieren an, und oft wird aus dem Finger-Malen ein Malen, Drucken und Mischen mit der ganzen Hand. Wichtig bei Fingerfarben ist eine cremige Konsistenz. Zu feste Farben lassen sich nur schlecht vermalen und die Lust geht schnell verloren. Zu flüssige Farbe tropft und eignet sich ebenso wenig zum Fingermalen.

Die Behältnisse der Fingerfarben müssen gut verschließbar sein, da die Farben an der Luft schnell austrocknen und hart werden.

Wasserfarben

Wasserfarben sind weit verbreitet. Sie werden in Malkästen mit 12 oder 24 Farben angeboten. Die kleinen Farbschälchen sind jedoch für Kinder im Kindergartenalter wenig geeignet, da sie beim Anrüh-

ren der Farben zwangsläufig in die nebenstehende Farbe rutschen und so die Farben schnell verunreinigt werden.

Deshalb eignen sich für Kinder in dieser Altersstufe am besten so genannte „Puckys". Dies sind einzelne Farbtabletten mit einem Durchmesser von ca. 5 cm und einer Höhe von ca. 1,5 cm, die in die dazu angebotenen Schälchen gelegt werden. Der einzelne Farbtopf kann mit einer Hand festgehalten und mit der anderen kann die Farbe angerührt werden.

Alle Markenhersteller bieten gut pigmentierte Farben, die für den persönlichen Gebrauch gut geeignet sind.

Größere Kinder, ab ca. 10 Jahren, die viel Spaß am Malen mit Wasserfarben gefunden haben, können mit einem kleinen Aquarellkasten neu motiviert werden. Mit Aquarellfarben kann eine Verfeinerung der Technik leichter erreicht werden.

Flüssigfarbe oder Schultempera

Temperafarben werden Kleinkindern zwar selten angeboten, doch eigenen sie sich gerade für das spontane Malen, also das Ausdrucksmalen, in besonderer Weise.

Beim Malen mit Flüssigfarbe kann die gewählte Farbe direkt auf das Papier gebracht werden. Am besten ist es, wenn für jede verfügbare Farbe eigens ein Pinsel bereit steht. Empfehlenswert sind Temperafarben von Marabu sowie Cromarfarben von Berol.

Kleine Kinder schützen ihre Kleidung beim Malen durch einen großen Malerkittel, z. B. ein altes Herrenhemd.

Filzstifte

Filzstifte sind bei Kindern sehr begehrt und aus kaum einem Schulmäppchen wegzudenken. Sie bieten im Vergleich zu Holz- und Wachsfarben ein intensiveres Farbergebnis.

Pelikan Maler Extra dick sind auswaschbar und eignen sich deshalb besonders für Kinder ab 2 Jahren.

Für etwas größere Kinder ab etwa 5 Jahren eignen sich dick + dünn Fasermaler von Geha. Sie ermöglichen feines und differenziertes (dünnes) sowie flächiges Malen (dick, zum An- und Ausmalen). Vor allem zeichnet sie eine lange Lebensdauer aus. Sie trocknen nicht aus, auch wenn sie einige Zeit nicht benutzt werden. Die Fasermaler werden in Packungen zu acht und zwölf Farben angeboten.

Pinsel

Borstenpinsel

Zum Malen mit Wasserfarben eignen sich am besten Borstenpinsel – für das flächige Malen in der Stärke 16, für das differenziertere Malen in der Stärke 8 bis 10. Wichtig ist, dass Pinsel in unterschiedlichen Stärken vorhanden sind, damit für die jeweilige Technik der geeignete Pinsel gewählt werden kann. Der Vorteil von Borstenpinseln liegt darin, dass sich, je nach Haltung, unterschiedliche Pinselstriche ergeben. Wird der Pinsel flach gehalten, ergibt es einen breiten Pinselstrich, wird er senkrecht gehalten und mit der schmalen Seite über das Papier gezogen, entsteht ein schmaler Strich. Die Borsten sollten möglichst in einer rostfreien Zwinge, z. B. aus Nickel, sein. Für Kinder sollte der Stiel nicht zu lang sein (ca. 19 cm), da er sonst beim Malen behindert. Borstenpinsel eignen sich aufgrund ihrer Stabilität bereits für die ersten Malversuche der ganz Kleinen und bieten auch dem „guten Maler" noch vielfältige Möglichkeiten.

Haarpinsel

Zum Malen mit Flüssigfarben und für verfeinerte Aquarelltechnik bietet der Haarpinsel ein weicheres und dadurch „runderes" Malerlebnis. Durch die rund gebündelte Anordnung der weicheren Pinselhaare ist der Pinsel beweglicher. Daher kann er sehr vielseitig eingesetzt werden. Mit einem guten Haarpinsel kann eine Vielzahl unterschiedlicher Strichstärken erzielt werden. Deshalb reicht es aus, Pinsel in Stärke 8 und 12 anzuschaffen. Haarpinsel eignen sich erst für Kinder, die bereits über etwas Malerfahrung verfügen und ihre Motorik und den damit verbundenen Krafteinsatz bereits kontrollieren können (ab ca. 4 Jahren).

Pinselpflege

Um die Haltbarkeit der Pinsel zu erhöhen, gibt es ein ganz einfaches Rezept: Pinsel wollen gepflegt sein! Nach Gebrauch mit kaltem Wasser gründlich auswaschen. Haarpinsel mit den Fingern in Form bringen und zum Trocknen mit dem Stiel nach unten in einen Becher o. Ä. stellen. So bleiben sie lange in Form und Schwung.

Schwämme

Als Ergänzung zu Pinseln eignen sich vor allem Schwämme hervorragend. Haushaltsschwämme aus dem Drogerie- oder Supermarkt werden einfach in handgerechte Stücke geschnitten. Feinporige Schwämme eignen sich zum Malen, z. B. auf großen Formaten (Fenster), für große Schwünge, die mit der ganzen Hand ausgeführt werden können. Mit grobporigen Schwämmen ergeben sich durch Drucken interessante Strukturen, welche die Möglichkeiten des Kindes zusätzlich erweitern.

Wasserbecher

Wie oft kippt beim Malen der Wasserbecher um und das Wasser läuft quer über das ganze Bild! Um dies zu verhindern, gibt es einen speziellen Pinselnapf. Er besteht aus einem stabilen Plastikbecher mit Deckel. Der Deckel hat eine trichterförmige Öffnung, die beim Umkippen das Auslaufen des Wassers weitgehend verhindert.

Orte zum Malen

Damit dem Bedürfnis nach bildnerischem Ausdruck spontan nachgegangen werden kann, ist es ideal, wenn ein fester Platz zur Verfügung steht, an dem das Kind malen kann, wann immer es möchte.

Der Tisch

Die einfachste Möglichkeit ist ein Tisch, z. B. im Kinderzimmer, in dessen Nähe Papier und Farben bereitliegen. Er sollte für das Kind bezüglich Standort und Höhe selbstständig erreichbar sein. Ein alter Couch- oder Küchentisch mit abgesägten Beinen ist eine Alternative zum neuen Kindertisch. Der dazu passende Stuhl sollte der Körpergröße des Kindes und der Tischhöhe angepasst sein.

Die Malwand

Eine tolle Einrichtung ist eine Malwand im Kinderzimmer, die sich schnell und einfach herstellen lässt: eine Sperrholzplatte, ca. 1 m breit, 1,5 m hoch und ca. 4 mm stark, an die Wand schrauben und über die Holzplatte mit Klebestreifen oder Reißnägel einfaches Packpapier hängen, das von Zeit zu Zeit erneuert werden kann. Darauf lässt sich mühelos das Papier zum Malen ebenfalls mit Klebestreifen befestigen. Gut eignet sich auch eine feinporige Korkwand, die mit dicker Abdeckfolie bedeckt wird.

Die Kinderstaffelei

Wenn weniger Patz vorhanden ist, bietet sich als gute Alternative eine Kinderstaffelei an. Sie kann für die Zeit, in der sie nicht genutzt wird, beiseite geräumt werden. Mit ein bisschen handwerklichem Geschick ist sie leicht selbst herzustellen.

Sie benötigen:

- 1 Sperrholzplatte, ca. 62 x 50 x 0,4 cm (bei zwei Kindern zwei Platten für beide Seiten)
- 4 Holzlatten, gehobelt, 120 x 4 x 2 cm
- 2 Klavierscharniere

2 Klapphalter von 25 cm

12 Holzschrauben mit Senkkopf (für eine zweite Platte)

So geht's:

Jeweils zwei Latten mit der breiten Seite aufeinander legen und ein Klavierscharnier, flach geöffnet (180 g), oben auf die Latten schrauben (evtl. anzeichnen und vorbohren). Beim Auseinanderziehen der Latten schließt sich das Scharnier leicht. Mit den beiden anderen Latten ebenso verfahren.

Bohren Sie jetzt vier Löcher in die Sperrholzplatte. Jeweils 10 cm vom oberen bzw. unteren Rand und 15 cm vom äußeren Rand einrücken, markieren und bohren. In der Höhe der Löcher auf der Rückseite bei 8 und 12 bzw. 50 und 54 cm senkrechte Markierungen anbringen und die Latten am oberen Rand und zwischen den Markierungen bündig anlegen und festschrauben. Zum Schluss verbinden Sie jeweils die Vorder- und die Hinterbeine der Staffelei mit einem Klapphalter, damit die Standfestigkeit der Staffelei gesichert ist.

Papiere zum Malen

Größe des Papiers

Kinder brauchen Raum zum Malen. In Bezug auf die Auswahl des Papiers bedeutet dies, dem Kind großes Papier anzubieten – zum Zeichnen mindestens im Format DIN A4, besser DIN A3, und zum Malen mindestens DIN A3, besser DIN A2. Auch wenn ein Kind diesen Raum nicht von Anfang an ausfüllt, kann es sich nach und nach annähern und ihn Schritt für Schritt in Besitz nehmen. Besonders für kleine Kinder ist es sinnvoll, wenn die gesamte Bewegung des Armes und Stiftes auf dem Blatt Platz hat.

Stärke und Qualität

Ähnliches gilt für die Qualität, also die Stärke des Papiers: Das Papier hat einiges auszuhalten: Schläge beim Kritzeln, Unmengen von Wasser, möglicherweise sogar eine Überschwemmung (wenn der Wasserbecher umstürzt), mehrfaches Übermalen. Dünnes Papier reißt bei einer derartigen Beanspruchung schnell, und das Werk nimmt unmittelbar Schaden. Malpapier sollte deshalb eine Stärke von mindestens 80g/m^2 haben.

Farbe und Form

Anregend kann bei Kindern auch eine abwechselnde Form oder ein farbiges Papier wirken. Warum nicht mal ein quadratisches oder rundes Papier anbieten? Jedoch sollte die Form nicht zu häufig wechseln, da dies wiederum verwirrend wirken könnte. Vor allem bei kleineren Kindern, die noch mitten in der ersten Entwicklung stehen, gibt die äußere Form auch Sicherheit. Auch mit buntem Papier sollten sie sparsam umgehen und nur helle Farben verwenden, wie z. B. gelb oder Pastelltöne. Nur für Ölkreiden eignet sich auch dunkles Papier, z. B. blau.

Bezugsquellen

Gutes Papier ist teuer. Es bestätigt sich jedoch immer wieder, dass es besser ist, lieber weniger, aber dafür gutes Material anbieten. Außerdem gibt es auch Möglichkeiten, günstig Papier zu erwerben. Fragen Sie in Ihrer Druckerei vor Ort nach, ob es möglich ist, günstig Papierreste zu erwerben. Schreibtischunterlagen, die zum Jahreswechsel oft von Firmen verschenkt werden, eigenen sich ebenfalls. Außerdem gibt es immer wieder günstige Angebote an Druckerpapier in Großpackungen.

Beim Kauf eines Zeichenblocks sollten Sie darauf achten, dass das Papier nur an einer Seite befestigt ist, damit Ihr Kind das Blatt selbstständig ablösen und weitermalen kann.

Papiere zum Basteln

Tonpapier und Fotokarton

Tonpapier und Fotokarton sind die klassischen Papiere zum Basteln. Tonpapier hat die Stärke 130 g/m^2 oder 180 g/m^2. Welche Stärke Sie wählen, hängt von der Verwendung ab. Zum Gestalten von Bildern, Karten u. Ä., bei denen das Papier ausgeschnitten und aufgeklebt wird, genügt das dünnere Papier. Für Bastelarbeiten, wie z. B. Fensterbilder und Mobiles, empfiehlt sich das stärkere. Tonkarton hat eine Stärke von 300 g/m^2 und eignet sich daher speziell für Bastelarbeiten, die eine eigene Stabilität brauchen: Schachteln, Aufstellkarten, Mappen, Raum- oder Fensterschmuck in größeren Maßen (ab ca. 15 cm).

Beide Papierarten sind vielseitig einsetzbar. Sie sind im Bastelgeschäft in verschiedenen Maßen erhältlich: DIN A4 bis DIN A2. Die gängigen Bögen haben die Größe 50 x 70 cm.

Seidenpapier

Seidenpapier ist ein sehr dünnes, leichtes Papier und leicht lichtdurchlässig. Es ist sehr preisgünstig und eignet sich gut zur Gestaltung von Fenstern, zur Ausgestaltung von Bildern und Gebasteltem sowie zum Einpacken von Geschenken. Durch seine Lichtdurchlässigkeit entstehen z. B. am Fenster unterschiedliche Farbwirkungen, je nachdem, wie viele Schichten und welche Farben übereinander geklebt werden.

Seidenpapier gibt es in zwei Varianten: „ausblutend“, d. h. abfärbend, und „nicht ausblutend“. Der Vorteil des abfärbenden Papiers besteht darin, dass auch mit Wasser gearbeitet werden kann: dazu Seidenpapierstückchen auf weißes Papier legen und mit einem nassen Pinsel betupfen; nach dem Trocknen die Papierstückchen wieder entfernen. Zurück bleibt ein zarter Abdruck des Seidenpapiers. Diese Technik eignet sich z. B. hervorragend zur Gestaltung von Ostereiern.

Krepppapier

Krepppapier ist vor allem als Girlandenschmuck bekannt. Es wird meist in Rollen (50 cm breit und 250 cm lang) angeboten. Von der Rolle können gut Streifen abgeschnitten werden, die ebenso zur Gestaltung von Blüten geeignet sind wie das Seidenpapier. Inzwischen wird es wasserfest, z. B. für Gartengirlanden, sowie schwer entflammbar, z. B. für Grillfeste und Partys, angeboten. Krepppapier eignet sich auch zum Ausgestalten von Materialbildern, z. B. eingeschnitten als Wiese oder als Haare bei einer Maske oder Perücke.

Transparentpapier

Transparentpapier zeichnet sich hauptsächlich durch seine Lichtdurchlässigkeit, also seine Transparenz, aus. Deshalb eignet es sich in besonderem Maße zur Gestaltung von Fensterdekorationen und Laternen. Es wird in Bögen zu 35 x 50 cm angeboten.
Oft wird Transparentpapier auch zum Hinterkleben von Fensterbildern aus Tonpapier oder Fotokarton verwendet.

Geschenk- und Packpapier

Auch Geschenk- und Packpapier eignet sich gut zum Basteln und Gestalten. Verschiedene Muster und Drucke können als Gestaltelemente in Collagen dienen. Auch beim Bekleben von Kugeln, Schachteln usw. ergeben sich oft reizvolle Möglichkeiten, die Kinder inspirieren.

Zeitschriften, Prospekte und Kataloge

Ebenso wie Geschenkpapier eignet sich auch Zeitschriftenpapier u. Ä. zur Gestaltung von Karten, Collagen, Briefpapier und dem Bekleben von Dosen. Bei der Auswahl der Zeitschriften und Kataloge ist zu beachten, welchen Inhalt die Bilder transportieren. Jeder weiß, wie groß der Einfluss der Werbung auf Kinder ist. Wählen Sie deshalb bewusst aus, welche Zeitschriften und Kataloge Sie Ihrem Kind anbieten wollen.

Kartons

Plakatkarton

Für Bastelarbeiten eignet sich Fotokarton sehr gut. Benötigen Sie noch stabileren Karton, ist die nächst stärkere Variante der Plakatkarton (380 g/m^2), geeignet vor allem für größere Kinder und größere Werke zum Bau von Schachteln, Häuschen und anderen Gestaltungselementen, die eine eigene Standfestigkeit brauchen.

Alternativen aus Verpackungsmaterialien

Guter, d. h. fester Karton findet sich auch unter den Verpackungsmaterialen von verschiedenen Produkten: Bettwäsche, Herrenhemden, Damenfeinstrumpfhosen usw.

Mit was man alles basteln kann

Eigentlich müsste die Frage lauten: Womit kann man denn nicht basteln? Kinder ab dem Kindergartenalter können praktisch alles zum Basteln gebrauchen. Hier ein Einblick, was Kinder aus „wertlosen Materialien" alles gestalten können:

- Schachteln in allen Größen und Formen – (leere!) Arznei- und Kosmetikschachteln, Eierkartons, Schuhkartons, Umzugskartons, (leere, ausgewaschene) Tetrapacks … die Liste ist endlos. Daraus entstehen Fotoapparate, Schatzkästchen, Schiffe, Menschen oder Tiere, Häuser, Höhlen und Türme.
- Bunte und glänzende Stoff- und Wollreste mit Glitzereffekten sind besonders beliebt. Auch bei der Auswahl der Materialien sind die Kinder wählerisch: Sie bevorzugen weiche, leichte und samtige Stoffe. Daraus entstehen Überzüge für Schachteln, Materialbilder, Tiere, Haare.
- Knöpfe aller Art, Perlen und Pailletten sind eine willkommene Ergänzung, um ein Bild auszuschmücken.
- Naturmaterialien, wie Stöcke und Steine, sind ganzjährige Geschenke der Natur. Im Herbst ist diese Fundgrube beinahe unerschöpflich: Bucheckern, Kastanien, bunte Herbstblätter, Nussschalen, Tannenzapfen und vieles mehr. Auch getrocknete Gräser und Blüten können ansprechende Gestaltungselemente bilden.
- Korken und Kronkorken können wichtige Schalter an Maschinen werden. Mit in Scheiben geschnittenen Korken kann ein ganzes Bild entstehen. Auf ein Brett genagelte Kronkorken ergeben einen Schuhabstreifer für den groben Schmutz. Die Kronkorken in der Mitte

mit einem Loch versehen und auf einen Draht aufgereiht, können sogar zu einem Musikinstrument, einer Rassel, werden.

- Auch ein Joghurtbecher hat das Zeug zum Instrument. Gefüllt mit Steinchen, Perlen, Knöpfen u. Ä., einem Deckel aus Karton, mit Klebeband zugeklebt, entstehen Rasseln mit verschiedenen Geräuschen.
- Aus Klopapierrollen werden Ferngläser, aus mehreren Rollen (z. B. von der Küchenrolle) kann sogar eine Kugelbahn entstehen.

Modelliermassen

Knete

Knete ist in der Regel die erste Modelliermasse, mit der das Kind in Kontakt kommt. Mit Knete werden meist die ersten Entwicklungsschritte des plastischen Gestaltens durchlebt. Deswegen stellen sich an Knete auch besonders hohe Ansprüche. Knete muss weich und leicht formbar sein. Sie sollte angenehm anzufassen sein und angenehm riechen, da beim Modellieren die sinnliche Erfahrung eine wichtige Rolle spielt.

Glücklicherweise ist es heute selbstverständlich geworden, dass Knete ohne Weichmacher und andere chemische Stoffe hergestellt wird.

Pappmaschee

Zur Herstellung von klassischem Pappmaschee werden Zeitungen in kleine Stückchen gerissen, mit Kleister vermischt und geknetet, bis eine graue Masse, das Pappmaschee, entsteht. (Die Papierstückchen lösen sich im Kleister auf.) Kinder ab 6 Jahren können das bereits weitgehend selbstständig durchführen. Diese Masse muss gut ausgedrückt werden, damit das überschüssige Wasser entweichen kann. Anschließend bietet Pappmaschee beliebige Gestaltungsmöglichkeiten. Nachteil dieser Variante ist, dass die gestalteten Figuren oft erst nach mehreren Tagen vollständig getrocknet sind und weiterbearbeitet, z. B. angemalt, werden können. Der Vorteil besteht darin, dass das getrocknete Pappmaschee hart, aber nicht brüchig ist. So können Feinheiten mit Feilen u. Ä. gut eingearbeitet werden. Durch Schmirgeln entsteht eine ganz feine, glatte Oberfläche, die sich sehr gut zum Bemalen eignet.

Pappmaschee eignet sich vor allem zum Arbeiten in mehreren Arbeitschritten und daher erst für Kinder, die diese Arbeitsschritte nachvollziehen und planen können. Außerdem benötigt diese Arbeitsweise auch ein hohes Maß an Ausdauer.

Pappmaschee gibt es auch als Fertigprodukt. Es wird in pulverähnlicher Form in Kilobeutel angeboten. Die Masse wird einfach mit Wasser angerührt und ist schnell gebrauchsfertig.

Efaplast

Efaplast (von Eberhard Faber) ist eine Modelliermasse, die gebrauchsfertig angeboten wird. Sie kann leicht in Stücke in der benötigten Größe zerteilt werden. Die Eigenschaften von Efaplast ähneln dem Ton. Es ist gut formbar und kann daher vielseitig eingesetzt werden. Efaplast trocknet an der Luft und kann anschließend z. B. mit Wasserfarben bemalt werden.

Efaplast gibt es in Weiß und in Tonfarben.

Klebstoff, der nicht nur klebt

Kleister

Gerade für kleine Kinder zwischen 3 und 4 Jahren bietet Kleister eine sinnvolle und gleichzeitig günstige Möglichkeit, erste Erfahrungen mit Klebstoff zu sammeln. Hierzu verwenden Sie am besten einfachen Tapetenkleister aus dem Baummarkt. Trocken gelagert, ist er sehr lange haltbar. Wichtig zu beachten ist dabei, dass das Kleisterpulver unter Rühren in das kalte Wasser geschüttet wird, andernfalls entstehen dicke Klumpen. In ein Schraubglas abgefüllt, bleibt er lange gebrauchsbereit.

Kleister eignet sich am besten für das Kleben von Papier. Wird das Gestaltungsmaterial vielfältiger, werden auch die Ansprüche an den Klebstoff höher.

Weißleim, wasserverdünnbar

Für Arbeiten mit verschiedenem Material empfiehlt sich die Verwendung von Weißleim. Denn Weißleim ist lösungsmittelfrei, klebt aber außer Papier auch andere Materialien, wie z. B. Holz, Korken, Stoff usw. Außerdem kann er, mit Wasser verdünnt, auch anderweitig benützt werden: dünn aufgetragen als lackähnliche Fixierung, z. B. für getrocknete Blätter, Ostereier o. Ä. Durch die Mischung mit Flüssigfarbe können spezielle Effekte erreicht werden, wie z. B. das glänzende Abtrocknen matter Farben und Techniken.

Weitere Alles- und Vielzweckkleber

Der klassische Flüssigklebstoff war wegen seiner gesundheitsschädlichen Lösungsmittel in Verruf geraten. Heute bieten die meisten Hersteller auch lösungsmittelfreie Klebstoffe an. Die meisten sind in der Vielfalt der Anwendungsbereiche dem Weißleim nur noch wenig unterlegen.

Spielen und Gestalten mit Farbe

Das Farbverlaufspiel

Mitspieler: Menschen ab 4 Jahren, mindestens 2 Teilnehmer, besser 3 und mehr.

Material: je Mitspieler ein Blatt Papier, Holz oder Wachsfarben

Die Spieler sitzen um einen Tisch. Jeder hat ein Blatt Papier vor sich. In der Mitte liegen Holz- oder Wachsfarben, jeweils mehrere Stifte pro Farbe, immer eine weniger als Mitspieler vorhanden sind. Dann kann's losgehen. Ein Kind beginnt und sagt eine Farbe an: z. B. rot. Alle anderen greifen nach einem roten Stift und malen mit dieser Farbe etwas Beliebiges (Punkt, Strich, Kreis …) auf ihr Papier. Anschließend kommt das nächste Kind dran und sagt die nächste Farbe an usw.

Die Gruppe kann selbstständig entscheiden, wie lange das Spiel dauern soll – jedoch mindestens so lange, bis jedes Kind einmal die Farbe ansagen durfte.

Dieses Spiel fördert die Farbwahrnehmung, die Aufmerksamkeit und Reaktion. Die Kinder haben dabei die Möglichkeit, sich selbst zu korrigieren. Natürlich sollten sie die Farben weitgehend kennen. Am Ende werden die Werke gemeinsam angeschaut und evtl. die gleichen Farben gesucht oder der Farbverlauf nachverfolgt.

Was ist alles rund?

Mitspieler: Menschen ab 5 Jahren, 2 und mehr Personen.
Material: Papier und Holz, Wachs- oder Filzstifte.

Auf mehrere Papiere jeweils einen Kreis aufmalen (Anzahl beliebig, anfangs vielleicht ca. sechs Kreise). Das erste Kind nimmt ein Papier mit einem Kreis und malt aus diesem Kreis irgendetwas Bekanntes, z. B. eine Sonne; das nächste Kind kommt an die Reihe und malt wieder etwas, z. B. ein Gesicht, und so wird die Reihe immer weiter fortgeführt mit Käfern, Ball, Kuchen, Tasse usw. Natürlich kann dieses Spiel auch mit allen anderen Formen, wie Quadrat und Dreieck, gespielt werden. Aber Achtung: Das ist nochmals schwieriger!

Spritztechnik

Material: Wasserfarben (+ Wasserbecher), Malpapier, eine alte Zahnbürste, ein altes Küchensieb oder spezielle Spritzsiebe, evtl. Stecknadeln.

Die Technik eignet sich für Kinder ab ca. 4 Jahren (einfache Variante). Aus Papierresten wird eine oder mehrere Formen ausgerissen oder ausgeschnitten und auf weißes Malpapier gelegt. Um das Verrutschen zu verhindern, können Sie die Formen, je nach Größe, mit einer oder mehreren Stecknadeln fixieren. Anschließend wird mit der Zahnbürste die Farbe angerührt und über dem Sieb abgezogen. Am besten in eine Richtung, vom Körper weg. Wichtig ist dabei, dass die Farbe nicht zu nass ist, da ansonsten zu große Tropfen entstehen. Besonders ansprechend wirkt es, wenn für ein Bild unterschiedliche Farbtöne verwendet werden. Nach dem Trocknen können die gleichen oder neue Formen neu platziert werden und der Spritzvorgang nochmals wiederholt werden. Es empfiehlt sich jedoch, den Vorgang nicht zu häufig durchzuführen, damit der Spritzeffekt sichtbar bleibt.

Murmeltechnik

Material: Flüssigfarben, Malpapier DIN A4, ein Schuhkarton o. Ä., eine Murmel

Die Technik eignet sich für Kinder ab ca. 3 Jahren.

Das Kind legt in den Schuhkarton ein Blatt und tropft mit Flüssigfarbe mehrere Farbkleckse auf das Papier. Am besten in zwei bis drei Farbtönen jeweils drei bis vier Tropfen, entweder direkt aus der Flasche oder mit einem Pinsel abtropfen lassen. Die Kugel auf das Papier in die Schachtel legen. Die Schachtel in beide Hände nehmen, und die Murmel über das Papier rollen lassen. Die Kugel nimmt die Farbe an und zieht beim Weiterrollen Spuren auf dem Papier. Solange weiterrollen, wie das Kind möchte und das Bild fertig ist. Wundern Sie sich nicht, wenn Ihr Kind diese Technik mehrmals nacheinander wiederholen möchte. Die Einfachheit und das tolle Ergebnis sind immer wieder beeindruckend.

Jürgen Jendrich

Haben und Verzichten

Trendspielzeug und Computer im Kinderzimmer ersetzen immer häufiger die traditionellen Kinderspiele. Industrie und Werbung wecken ständig neue, kostspielige Wünsche. Eltern sehen Gefahren in der Computer- und Internetnutzung ihrer Kinder. Wie können sie ihre Kinder zu bewussten Konsumenten und medienkompetenten Menschen erziehen?

Veränderte Spielgewohnheiten

Die neuen Medien verdrängen viele traditionelle Kinderspiele.

Fernsehen und Computer haben in vielen Kinderzimmern Einzug gehalten. Computerspiele ersetzen in rasanter Weise althergebrachte Spiele und Spielmaterialien – vor allem in der Jungenwelt. Das Internet bietet einen weiteren Reiz und schafft die Gefahr, dass Kinder und Jugendliche sich darin verlieren. Eltern sind häufig verunsichert; sie wissen einerseits, dass ihre Kinder zweifelsohne in die Welt der neuen Medien hineinwachsen und sich darin auch behaupten müssen, wissen andererseits aber oft wenig über die Inhalte, mit denen sich Kinder in Computerspielen und auf Internetseiten beschäftigen, und suchen oft vergebens nach Kriterien, die sie ihren Kindern auf ihrem Weg in die „neue Welt" mitgeben können, geschweige denn, wie sie die Einhaltung von Grenzen überprüfen können.

Doch auch andere „Leidenschaften" der Kinder stellen Eltern immer wieder vor große Fragen: Was ist mit der Sammelwut kostspieliger Artikel, die in immer kürzeren Zeitabständen von der Industrie gepuscht werden – mal Diddl, dann Pokémon …?

Sammelwut – im Griff der Werbung

Gesammelt haben Kinder schon immer – Murmeln, kleine Autos, Sammelbilder usw. Der Sammeltrieb gehört zur Kindheit hinzu. Allerdings sind die Ausprägungen heute deutlich schärfer geworden. Die Sammelleidenschaft wird zum großen Teil durch Industrie und Werbung gesteuert, der „Käufermarkt" ist an die Stelle des „Verkäufermarkts" getreten. Und der Nachschub an Sammelstücken, die gekauft werden „müssen", erfolgt in immer kürzeren Zeitabständen – ständig wird Neues zu einem Thema auf den Markt gebracht. Was also tun?

Statt Kaufsammlungen völlig abzulehnen, sollten Eltern ein Vertrauensverhältnis schaffen; sonst beginnt das Kind möglicherweise zu lügen.

Tipps zum Kauf von Sammelartikeln

Wenn Ihr Kind mit einer Sammlung anfängt, sollten Sie möglichst nicht ablehnend reagieren und kein absolutes Verbot aussprechen. Das macht die Sache nur noch interessanter!

- Bemessen Sie die kindliche Sammelleidenschaft nicht mit Ihren Wertvorstellungen. Es geht für Ihr Kind um mehr als reines Besitztum. Es taucht mit seiner Sammelleidenschaft in eine Welt seiner Fantasie.
- Klären Sie mit Ihrem Kind, ob es sein Sammelalbum mit in die Schule nehmen darf, um dort zu tauschen.
- Nutzen Sie bei Stickersammlungen die fast immer vorhandene Möglichkeit, beim Hersteller eine bestimmte Anzahl von Klebebildern per Nummer nachzubestellen. Das ist meistens deutlich billiger als Tütenkauf.
- Geben Sie diese Sticker nicht alle auf einmal heraus, das nimmt den Spaß am Sammeln!
- Fragen Sie die Hersteller nach Verbraucherveranstaltungen mit Tauschbörsenangebot, oder forschen Sie im Kleinanzeigenteil von Zeitungen und Magazinen nach möglichen Tauschpartnern.
- Da Kinder beim Start der Sammlung wenig zugänglich für Kosten- und Nutzen-Argumente sind, sollten Sie das Gespräch suchen, wenn das Fieber erloschen ist oder die angeblich hohen Verkaufserwartungen sich in Luft auflösen. Bleiben Sie konstruktiv, und helfen Sie Ihrem Kind, eigene Schlüsse zu ziehen. Das bringt zwar das Geld nicht wieder zurück, kann aber dem Kind für die Zukunft wichtige Erkenntnisse über ein angemessenes Kaufverhalten vermitteln.

Gameboy, Spielkonsole und Computer

Die Anschaffung eines Geräts muss gründlich – unter Berücksichtigung aller möglichen Anwendungen – überlegt werden.

Die meisten Kinder äußern irgendwann den Wunsch nach einem Computer oder einem elektronischen Spielgerät. Sollen die Eltern einen solchen Wunsch erfüllen? Da sind zum einen die erheblichen Anschaffungskosten. Zum anderen aber auch Bedenken gegenüber diesen „Fantasiekiller-Maschinen“. Aber auch in Familien, in denen die Computernutzung für die Erwachsenen bereits zum Alltag gehört, stellen sich viele Fragen: Während der Erwachsene gern möchte, dass das Kind den Computer „sinnvoll“ nutzt, will das Kind einfach daran spielen – am liebsten Actionspiele. Doch beginnen wir Schritt für Schritt.

Welche Geräte gibt es?

Tragbare Kleingeräte

Am meisten verbreitet ist der Gameboy. Er arbeitet steckdosenunabhängig im Batteriebetrieb, ist mit einem kleinen Farbbildschirm und eingebautem regelbarem Lautsprecher ausgestattet und bevorzugt zum Spielen geeignet. Die Bedienung ist auch für jüngere Kinder einfach zu erlernen. Rund 500 Spiele für verschiedene Altersgruppen sind in Form kleiner Einschubeinheiten zurzeit für den Gameboy erhältlich. Zahlreiches Zubehör wird angeboten.

Spielkonsolen

Eine Konsole besteht aus dem Grundgerät und über Kabel angeschlossenen Steuergeräten. Die Geräte werden an einen Fernseher angeschlossen. Die Anlagen sind schnell und kinderleicht aufzubauen und zu bedienen, ohne dass besondere Einstellungsänderungen am Fernsehgerät vorzunehmen sind. Sie werden lediglich mittels eines Zwischensteckers in die Antennenleitung eingeschleift. Dann kann gespielt werden, wobei auch zwei Spieler an einem Gerät unmittelbar gegeneinander antreten können. Es gibt zahlreiches Zubehör wie Lenkräder passend zu Autorennspielen und Speichererweiterungen. Rund 1000 Spiele in Form von CDs und Einschubkassetten sind für Konsolenspiele erhältlich. Allerdings sind Spiele immer an das spezielle System gebunden und können nicht in der Konsole einer anderen Marke betrieben werden.

Computer

Grundsätzlich muss man zwischen IBM-kompatiblen Computern und den Geräten der Firma Apple unterscheiden, weil sie verschiedene Standards haben. Beide Gerätetypen bestehen in der Grundausstattung aus dem Gehäuse, das die Elektronik-Komponenten und auch Platz für Nachrüstungen enthält, dem Monitor, einer Tastatur zur Schreibeingabe und einer Maus für Steuerungsvorgänge. In der Regel wird man auch einen Drucker und Zusatzlautsprecher anschaffen. Wenn man im Internet surfen und E-Mails senden und empfangen will, benötigt man zusätzlich noch ein Modem als Bindeglied zwischen Telefonsteckdose und Gerät. Der IBM-kompatible Computer, zumeist „PC“ (Personal Computer) genannt, ist im Gegensatz zum Apple in Privathaushalten stark verbreitet und für mehrere Personen bei vielen verschiedenen Anwendungen nutzbar. Neben dem Einsatz als Spielgerät bietet er weitere Möglichkeiten wie z. B. Textverarbeitung, Datenverwaltung, Internet- und E-Mail-Zugang, Nutzung als Musikinstrument, sofern die dazu nötigen Ergänzungsgeräte und die Software vorhanden sind. Das Betriebssystem und eine Software für gängige Büroanwendungen sind bei den meisten Paket-Angeboten im Preis enthalten. Für PCs wird eine unüberschaubare Menge von Anwendungssoftware, überwiegend auf CD-Rom, angeboten.

Lerncomputer

Diese Geräte sind tragbaren Kleincomputern, so genannten Laptops, nachempfunden. Für jüngere Anwender gibt es auch figürlich gestaltete Geräte, die für die Altersstufe besser passen. Sie bieten mittlerweile neben Lernprogrammen für verschiedene Fachgebiete und Altersstufen auch Spiele. Mit manchen Geräten kann man sogar E-Mails verschicken oder CDs abspielen. Jeder Lerncomputer hat jedoch sein firmeneigenes System, das vom jeweiligen Hersteller entwickelt wurde, und ist nicht kompatibel mit Geräten anderer Hersteller.

Welches Gerät soll ich für mein Kind anschaffen?

Eine allgemein gültige Empfehlung gibt es kaum. Im Folgenden finden Sie einige Denkansätze für eine mögliche Kaufentscheidung:

- Wie viel Geld steht zur Verfügung?
- Soll hauptsächlich gespielt werden oder wollen möglicherweise verschiedene Nutzer ein Gerät mit verschiedenen Anwendungen gemeinsam nutzen?
- Welcher Platz steht langfristig zur Verfügung? Kann das Gerät an diesem Platz ständig aufgebaut bleiben?
- Wie soll das Kind das Gerät vorrangig nutzen – spielen, lernen, Hausaufgaben machen ...?
- Sind bereits jetzt Einsatzfelder bekannt, für die das zu kaufende Gerät eingesetzt werden soll?
- Lohnt sich ein Gebrauchtkauf?
- Muss das Gerät transportabel sein?
- Gibt es Freunde oder Bekannte, die bei auftretenden technischen Problemen und Verständnisschwierigkeiten helfen könnten?
- Können für das betreffende Gerät bei Freunden oder in Video- und Gameshops Spiele ausgeliehen werden?
- Gibt es am Ort die Möglichkeit, dass das Kind einen Computer-Kurs macht?

Tipps für den Umgang mit jungen Computer-Nutzern

Wenn ein Computer angeschafft wird, sollte man schon im Vorfeld gewisse Maßnahmen treffen und Spielregeln vereinbaren, damit bestimmte Konflikte erst gar nicht entstehen:

- Wenn mehrere Nutzer am Computer arbeiten, kann die Anschaffung einer zweiten Festplatte unter Umständen nützlich sein, damit bei einem Fehler nicht das ganze System lahm gelegt wird und wichtige Daten verloren gehen. In jeden Fall sollte aber jeder Benutzer für seine Daten eigene Ordner anlegen. Diese lassen sich sogar vor dem Zugriff anderer Personen mittels Passwort schützen.
- Erwarten Sie nicht, dass Kinder den Computer nur für Lernzwecke benutzen, sondern sie wollen auch ihren Spaß damit haben.
- Vereinbaren Sie einen Zeitrahmen mit Ihren Kindern, wie lange diese am Computer sitzen dürfen.
- Sorgen Sie bei längeren Arbeitszeiten vor dem Computer für ausreichenden Bewegungsausgleich. Bauen Sie den Monitor nicht vor einem hellen Fenster auf, und stellen Sie geeignete Sitzmöbel zur Verfügung.
- Besprechen Sie mit Ihrem Kind, welche Spiele es spielen darf. Erste Hinweise geben Ihnen die Altersempfehlungen der USK (Unterhaltungssoftware Selbstkontrolle) auf der Verpackung. Informieren Sie sich über die Inhalte der Spiele, und achten Sie darauf, dass die verwendeten Spiele nicht ständige Reaktionen von Ihren Kindern fordern, sondern auch Ruhepausen offerieren. Sind Sie unsicher über Inhalte, können Sie auch die Redaktionen der Spielezeitschriften anrufen und dort eine Auskunft einholen. Infos gibt auch die Internetseite der USK, die für die Altersempfehlungen von Spielen und Filmen zuständig ist unter www.usk.de. Die Bundeszentrale für politische Bildung, Referat Neue Medien, verschickt an Interessierte kostenlose Infoblätter zu aktuellen Computer- und Videospielen. Kontakt über das Internet unter www.bpd.de oder Postfach 2325, 53013 Bonn.

Keine Spielkategorie ist grundsätzlich als bedenklich einzustufen. Eltern sollten aber unbedingt darauf achten, ob sie mit der Thematik des Spiels einverstanden sind.

Tipps für den Kauf von Computerspielen

Ist die Kaufentscheidung für einen bestimmten Gerätetyp erst einmal gefallen, steht noch der Kauf der nötigen Software an. Kinder wollen in erster Linie Spiele haben. Hier konkrete Empfehlungen zu geben, ist unmöglich. Der Markt boomt und das bedeutet, dass es ständig unzählige Neuerscheinungen gibt. Hilfestellungen findet man in den zahlreichen Fachmagazinen. Dort findet man alles Wissenswerte sowie Tricks und Bewertungen der aktuellen Spiele. Im Folgenden sollen daher nur die wichtigsten Kategorien der Computerspiele vorgestellt werden:

Action-Fight-Jump & Run

Hier sind hier Aktion und schnelles Reagieren gefragt. Bestimmte Bewegungen oder Spielzüge müssen immer wieder vom Spieler geübt werden, bis es ihm gelingt, das Spiel erfolgreich zu bestehen oder das nächste Level zu erreichen. Besonders die Fight-Spiele sind vielen Eltern ein Dorn im Auge, weil sich die aggressive Grundstimmung der Spiele auch schnell auf das spielende Kind überträgt. Eltern sollten sich daher vor dem Kauf umfassend informieren.

Adventure

Der Spieler muss sich durch eine vorgegebene Geschichte bewegen und dabei Rätsel knacken, versteckte Hinweise und Hilfsmittel aufspüren und auch schon einmal eine kleine Verfolgungsjagd bestehen, um erfolgreich zum Ende zu gelangen. Diese Spiele sind im Allgemeinen gut für Kinder geeignet, weil sie viele verschiedene Aktionen verlangen und auch ruhigere Spielszenen enthalten.

Sport und Rennen

Verschiedene Sportarten wie Formel Eins-Rennen oder ein Fußballmatch sind hier zu bewältigen. Die Umsetzungen sind mittlerweile sehr wirklichkeitsgetreu, verlangen aber auch viel Zeit zum Üben, bevor man zum Champion gereift ist.

Strategie und Simulation

Taktik und planerisches Vorgehen sind gefragt, wenn es z. B. darum geht, eine Eisenbahnlinie durch das Land zu legen, eine Stadt aufzubauen oder eine erfolgreiche Firma zu leiten. Wie im richtigen Leben gilt es hier Fehlschläge zu verkraften, vernünftig Haus zu halten und richtige unternehmerische Entscheidungen zu treffen. Dadurch lernt man spielerisch das Begreifen von kausalen Zusammenhängen.

Rollenspiele

Der Spieler übernimmt im Verbund mit anderen Spielern eine bestimmte Rolle in einem Team. Nur wenn die verschiedenen Teammitglieder auch eine breite Palette an Fähigkeiten abdecken und miteinander spielen, gelingt es ihnen, das Ziel zu erreichen. Dabei kann man Kooperation lernen!

Sonstige

Natürlich gibt es noch jede Menge Spiele, die sich keiner der vorstehenden Kategorien zuordnen lassen. So gibt es Flipper, Billard,

Puzzles, Quiz, Knobeln, Karten- und Brettspiele usw. Sie bieten eine nette Abwechslung zu anderen eher zeitaufwendigen Spielen.

Lernsoftware

Als reine Lernsoftware werden Schulungsprodukte für Kinder nicht mehr angeboten, denn welches Kind setzt sich schon freiwillig an den PC, um zu lernen?! Daher bezeichnet man diese Programme nun als „Edutainment"' – als Verbindung von „Education" (Ausbildung) und „Entertainment" (Unterhaltung).

Dennoch sollte man sich vor dem Kauf auch hier ein paar Gedanken machen:

- Gibt es von Wunsch-Software eine billige Demoversion, die man zu Hause in aller Ruhe ausprobieren kann?
- Können Lehrer des Kindes möglicherweise Empfehlungen für ein Produkt aussprechen?
- Sind auf der Software Lernziele definiert, die sich mit dem aktuellen Lehrplan des Kindes decken?
- Welche echten Vorteile hat die zu kaufende Software gegenüber klassischen Lernmitteln?
- Kann Ihr Kind außer dem einfachen Beantworten von Fragen auch Hintergrundwissen erwerben?
- Lässt sich das Produkt an die individuellen Lernbedürfnisse Ihres Kindes anpassen?
- Wie hat die Fachpresse das Produkt beurteilt?
- Wechseln unterhaltsame Sequenzen mit konzentrierten Lernmöglichkeiten ab?

Gefahr Internet?

„Internet-Fitness" ist eine wichtige Fertigkeit für die Zukunft.

Das Internet eröffnet neue Welten – für Erwachsene und Kids gleichermaßen faszinierend. Doch es bestehen auch Gefahren:

- Die übermäßige Nutzung des Internets kann zur Vernachlässigung sozialer Aktivitäten führen und zur Isolation beitragen.
- Das Kind kann zufällig oder absichtlich Zugang zu pornografischem oder anderweitig gefährdendem Material erhalten.

- Das Kind kann, vor allem in Chatrooms, in Kontakt zu unangenehmen Menschen geraten, die ihm möglicherweise schaden wollen.

Was Eltern tun können

Um einer Gefährdung vorzubeugen, sollten Eltern die „Surfstunden“ begrenzen und andere Freizeitinteressen ihres Kindes fördern. Zum Schutz vor zweifelhaften Internetseiten ist es möglich, spezielle Schutzsoftware zu installieren. Auskünfte hierüber erteilen Computerläden. Doch solche Filter allein geben keine 100%ige Sicherheit. Wichtiger ist es, sich dafür zu interessieren, was das Kind im und am Internet so fasziniert, und zu wissen, an welchen Themen es dran ist. Der Kontakt und das Verhältnis zum Kind müssen stimmen – dann ist das Kind auch weniger gefährdet, Kontakte über das Internet zu suchen und einzugehen.

Goldene Regeln für Internet-Fitness

- Gib nie jemandem, den du im Internet triffst, deine Adresse oder Telefonnummer, es sei denn, deine Eltern haben dazu die Erlaubnis gegeben.
- Schick nie jemandem ohne Rücksprache mit deinen Eltern dein Foto, deine Bankverbindung oder eine Kreditkartennummer.
- Verabrede niemals ein persönliches Treffen mit jemandem, den du im Internet kennen gelernt hast, ohne dass deine Eltern zugestimmt haben und dich begleiten.
- Bleib niemals in einem Chatroom, wenn jemand etwas sagt oder schreibt, das dir unangenehme Gefühle bereitet.
- Antworte niemals auf hässliche, anzügliche oder unverschämte E-Mails oder Aussagen in Usenet-Gruppen.
- Erzähle immer deinen Eltern, wenn du online schmutzige Sprache oder Bilder findest.
- Sei immer du selbst und gib niemals vor, jemand anders zu sein.
- Wenn dir jemand ein Angebot macht, das zu gut ist, um wahr sein zu können, dann ist es höchstwahrscheinlich auch nicht wahr.

Was ist Medienkompetenz?

Medienkompetenz lautet das Schlagwort für den bewussten Umgang mit Medien und Internet; es handelt sich um eine Schlüsselqualifikation für die Zukunft, die die mündige Teilnahme an der Informationsgesellschaft ermöglicht. Gemeint ist damit die Fähigkeit, mit den Medien umgehen und sie sinnvoll nutzen zu können, aber auch Informationen gezielt auszuwählen und zu beurteilen und schließlich selbst die Medienlandschaft aktiv mitzugestalten. Diese Fähigkeit zu vermitteln ist Aufgabe von Eltern und Schule. Erreicht wird dies durch einen gemeinsamen Umgang mit den Möglichkeiten, die Computer und Internet bieten, durch Gespräche, Interesse am Tun des Kindes und ein vertrauensvolles Verhältnis zwischen Eltern und Kind. Kinder, die wissen, dass sie ihre Eltern um Rat fragen können – auch in schwierigen oder zweifelhaften Punkten –, werden Wertmaßstäbe übernehmen und eigene Kriterien entwickeln lernen, die sie viel besser schützen als strikte Verbote von Seiten der Eltern. Denn eines ist klar: Umgehen lassen sich die neuen Medien – mit allen Chancen und Gefahren – nicht; Kinder und Jugendliche müssen vielmehr in die Lage versetzt werden, eigenverantwortlich damit umzugehen.

Anhang

Bildnachweis

Fisher Price: S. 32 o., S. 34. Fischertechnik: S. 47. Fotostudio Karl, Limburg: S. 8. Gertie Burbeck: S. 13, 16, 19, 73, 75, 77. Haba: S. 21, 25, 39, 58. Kirstin Schnell, Hamburg: S. 114. Klöpper Foto Design, Hannover: S. 10, 119. Lego: S.45, 46. Lorenz – Jumbo-Spiele: S. 32 und 44. Ravensburger: S. 3, 37, 54, 59, 61, 67, 82. Redaktionsbüro Stark: S. 49, 111. Selecta: S. 31. Sigikid: S. 36. Stockmar: S. 91, 95, 98, 106.

Über die Autor/innen

Heike Baum, die Herausgeberin des Buches, wurde 1963 geboren. Sie ist Spielpädagogin, Gruppendynamikerin und Supervisorin (DGSv). Sie leitet seit mehr als zehn Jahren Seminare für Mitarbeiter/innen aller pädagogischen und therapeutischen Praxisfelder. Ihr Schwerpunkt sind emotionale Themen wie Trauer, Wut und Angst. Sie führt eine eigene Supervisionspraxis. Als Autorin ist sie weit über die deutsche Sprachgrenze hinaus bekannt durch ihre vielfältigen Veröffentlichungen von pädagogischen und spielpädagogischen Fachbüchern, die sich häufig innovativen und neuen Themen widmen, sowie durch ihre Brettspiele.

Jürgen Jendrich, geboren 1953. Seit 15 Jahren beschäftigt er sich beruflich mit der Entwicklung und Vermarktung von Kinderprodukten. So hat er u.a. im Ravensburger Spieleverlag den Produktbereich für Kinderspiele geleitet und für die amerikanische Firma Topps Sammelbilder vermarket. Vor einigen Jahren gründete er eine eigene Ideen-Agentur und arbeitet seither vorwiegend an der Entwicklung neuer Kindermagazine.
Seine Email-Adresse: jendrich@wuv-mail.de.

Ria Kroeber, Jahrgang 1958, studierte in Darmstadt Sozialpädagogik. Mehrjährige Zusatzausbildungen in Gestalttherapie, Atem- und Körperarbeit nach W. Reich (SKAN) qualifizieren sie zusätzlich. Seit Anfang 1997 arbeitet Ria Kroeber freiberuflich im In- und Ausland als Seminarleiterin in der Erwachsenenbildung, mit Kindern und Jugendlichen, als therapeutische Beraterin und als Autorin verschiedener Publikationen in Fachzeitschriften und Fachbüchern. Sie hat einen Lehrauftrag für Erlebnispädagogik an der Fachhochschule in Freiburg/ Brsg. Themenbereiche und weitere Informationen sind auf ihrer Homepage abrufbar unter: www.riakroeber.de

Brigitte Martin, geb. 1969, ist seit 1990 anerkannte Erzieherin und seit 1994 Leiterin eines viergruppigen Kindergartens mit offenem, situationsorientiertem Konzept; seit 1997 Teilnahme am Projekt Qualitätsmanagement in Kindertagesstätten der Uni Eichstätt. Persönlicher Interessensschwerpunkt sind kindliche Kreativität und bildnerisches Gestalten. Sie bietet in diesem Bereich Kurse für Kinder oder Erzieherinnen an. Kontaktadresse über den Verlag.

Petra Meyer, Jahrgang 1954, ist Erzieherin und Spielpädagogin. Seit vielen Jahren leitet sie ein Spielhaus in Kassel mit offenem Angebot. Sie vertritt das pädagogische Konzept, Kinder ihre eigenen Grenzen selbst erleben zu lassen und damit ihr Selbstvertrauen und Selbstbewusstsein zu stärken. Sie leitet Seminare im kreativen Bereich und gestaltet seit vielen Jahren das Fortbildungsprogramm „Inform“ für ehrenamtliche Mitarbeiter/innen der Kinder- und Jugendhilfe. Als Autorin hat sie sich mit Artikeln in Fachzeitschriften bereits einen Namen gemacht.

Sanny Meyer, geboren 1976, arbeitet als Erzieherin in einer Kindertagesstätte. Ihr Schwerpunkt liegt auf der Frühförderung von Kleinkindern mit einem offenen, situationsorientierten Konzept. Seit ihrem 15. Lebensjahr arbeitet sie ehrenamtlich in einem Kassler Kinder- und Jugendverband. Hier konzentriert sie sich vor allem auf die emanzipatorische Mädchenarbeit mit handwerklichem und kreativem Schwerpunkt.

Ravensburger Ratgeber im Urania Verlag

Dr. Tanja Schatz
Kreativ und selbstbewusst
Malen – Gestalten – Erfinden
128 Seiten – vierfarbig mit 31 Abbildungen
ISBN 3-332-01251-7

Renate Csellich-Ruso
So fördere ich mein Kind
Die schönsten Bewegungsspiele
für Kinder von 0–5
128 Seiten – 20 s/w-Abbildungen
ISBN 3-332-01250-9

Prof. Dr. C. Perleth
Dr. T. Schatz
M. Gast-Gampe
So fördere ich mein Kind
Die persönliche Begabung
entdecken und stärken
144 Seiten – 22 s/w-Abbildungen
ISBN 3-332-01030-1

Die Bücher mit dem Gütesiegel:

Jeanette Stark-Städele
So fördere ich mein Kind
Unser Baby im ersten Jahr
Mit Spielen fit fürs Leben
128 Seiten – vierfarbig mit 30 Abbildungen
ISBN 3-332-01252-5

Heike Baum
Papa, spiel mit mir!
1000 tolle Ideen und Tipps
144 Seiten – 22 s/w-Abbildungen
ISBN 3-332-01135-9

Ute Diehl, Karl Diehl
Die beste Betreuung für mein Kind
Tagesmutter, Oma, Krippe, Hort & Co.
128 Seiten – zweifarbig mit 19 Abbildungen
ISBN 3-332-01134-0

In Zusammenarbeit mit dem Deutschen Kinderschutzbund (DKSB)

Wolfgang Stein
Finanzplaner für Eltern
96 Seiten – 18 s/w-Abbildungen
ISBN 3-332-01192-8

Prof. Dr. Barbara Lorinser
Liebe Kinder – böse Nachbarn?
Streit vermeiden – Rechtslage klären
112 Seiten – 23 s/w-Abbildungen
ISBN 3-332-01194-4

Dr. Christine Karniak-Urban
Katharina Schlamp
So fördere ich mein Kind
Mit Spaß und Erfolg durch die Grundschule
160 Seiten – 25 s/w-Abbildungen
ISBN 3-332-01193-6

Ravensburger Ratgeber im Urania Verlag

Frauke Helmers
Kinder brauchen Freunde
Was können Eltern tun?
128 Seiten – zweifarbig mit 23 Abbildungen
ISBN 3-332-01031-X

Helmut Köckenberger
Kinder müssen sich bewegen
Spielend lernen und wachsen
128 Seiten – zweifarbig mit 35 Abbildungen
ISBN 3-332-01033-6

Sabine Pauli, Andrea Kisch
Geschickte Hände, wacher Verstand
Feinmotorik spielerisch entwickeln
128 Seiten – 27 sw-Abbildungen
ISBN 3-332-01196-0